APRESENTAÇÃO **MARTHA MEDEIROS**

KIKANDO NA MATUR*IDADE*

KIKA GAMA LOBO

UMA SENHORA MUDANÇA

Rio de Janeiro, 2022

LACRE

copyright © Kika Gama Lobo
Kikando na maturidade
1ª reimpressão: dezembro, 2022
Editora Lacre
92 páginas - 15,5x23 cm
ISBN 978-65-89884-14-9

Coordenação editorial • Flávia Lamas Portela
Capa • Flávia Lamas Portela | Fernanda Barata Ribeiro
Projeto gráfico e diagramação • Fernanda Barata Ribeiro
Fotografias • Marcos André Pinto
Redação • Fátima Machado
Revisão • Luiz Henrique Moreira Soares
Assistente editorial • Raquel Machado
Agradecimento • Hotel Nacional Rio

```
        Dados Internacionais de Catalogação na Publicação (CIP)
                    (Câmara Brasileira do Livro, SP, Brasil)

    Lobo, Kika Gama
       Kikando na maturidade : uma senhora mudança /
    Kika Gama Lobo ; apresentação Martha Medeiros. --
    1. ed. -- Rio de Janeiro : Editora Lacre, 2022.

       ISBN 978-65-89884-14-9

       1. Comportamento 2. Espiritualidade 3. Finanças
    pessoais 4. Maturidade 5. Qualidade de vida
    I. Medeiros, apresentação Martha. II. Título.

 22-129184                                          CDD-155.25
                   Índices para catálogo sistemático:

    1. Maturidade : Qualidade de vida : Psicologia
             individual    155.25

    Aline Graziele Benitez - Bibliotecária - CRB-1/3129
```

Direitos desta edição reservados à
ESTUDIO F DESIGN / EDITORA LACRE
www.editoralacre.com.br

Este livro está revisado segundo o Acordo Ortográfico da Língua Portuguesa de 1990, que entrou em vigor no Brasil em 2009.
A Editora Lacre não se responsabiliza por opiniões, textos e obras dos autores, os quais são os únicos responsáveis pelo seu conteúdo.

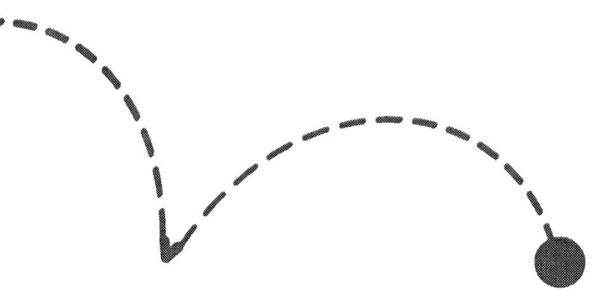

A Anna Catharina e
Maria Valentina,
meus corações externos

AGRADECIMENTOS

À Martha Medeiros,
que me incentivou a escrever este primeiro livro.

À Flávia Portela,
pela ousadia em ser minha editora,

e à Cláudia Horta,
por ter me iniciado no mundo dos cursos digitais,
origem deste meu primeiro livro.

SUMÁRIO

APRESENTAÇÃO 6

O QUE VOCÊ VAI ENCONTRAR POR AQUI? 9

QUEM SOU EU? 15

COMO TRANSFORMAR OS
TROPEÇOS EM ALAVANCAS 23

COMO TER ESTABILIDADE FINANCEIRA 41

FIQUE BEM, FIQUE ZEN! 59

EMPODERAMENTO E SEXUALIDADE:
NA PISTA 73

KIKANDO NA MATURIDADE 86

APÊNDICE 91

APRESENTAÇÃO

Nunca tinha ouvido falar dela, até chegar o seu e-mail convidando para um bate-papo dentro de um shopping carioca, e eu, que não perco a oportunidade de ir ao Rio, topei e ganhei uma amiga. Dali em diante, dividimos o palco em outros bate-papos por cidades diversas, eu como convidada e ela como minha entrevistadora, e sempre saí desses encontros com o sentimento incômodo de inversão, já que a Kika é daquelas que *chega chegando*, com seu visual exuberante e suas opiniões cristalinas e originais, sem meias-palavras. Algum desavisado que passasse por perto não teria dúvida sobre quem era a estrela do evento.

Pois hoje sou eu que apresento essa jornalista arretada que já deu alguns saltos mortais e sempre caiu de pé. Com a coragem que nunca lhe faltou, resolveu documentar em livro sua experiência sobre ser uma mulher madura em um país que engatinha na discussão do etarismo (discriminação por idade). Kika ensina, com lições práticas e tudo, como fazer para ter uma vida produtiva, erótica e financeiramente saudável a partir dos 50 anos. Não está inventando a pólvora, mas inventou a si mesma como uma influenciadora de respeito e ai de quem lhe acusar de atrevida: ninguém esteve na pele de Kika Gama Lobo, ninguém sabe como é ser Kika Gama Lobo, e é com a autoridade de ser dona da própria história que ela compartilha conosco as suas descobertas e reviravoltas. Com graça, desenvoltura e muita generosidade. Um dia ainda vou entrevistá-la.

MARTHA MEDEIROS
escritora

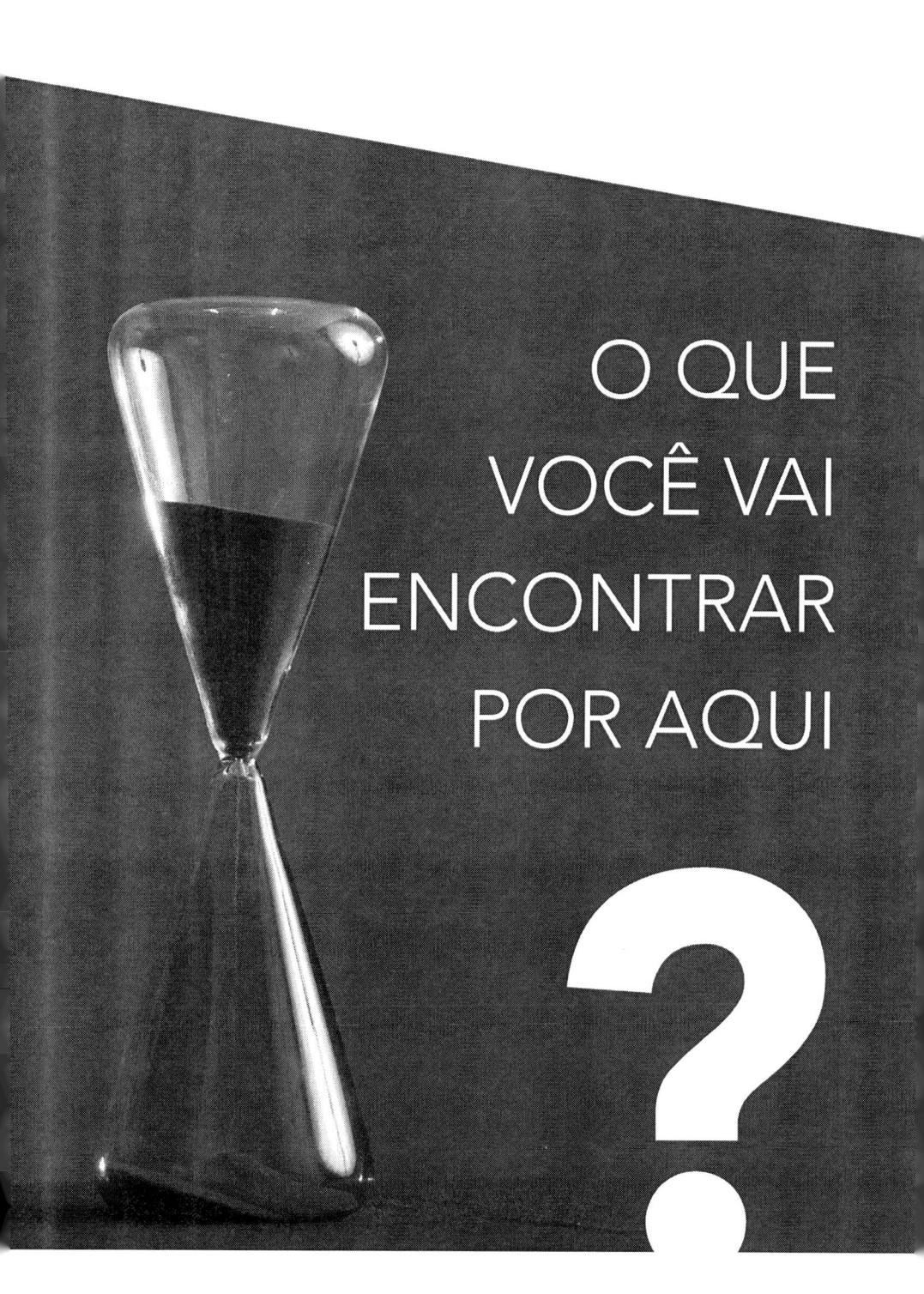

Ainda que o etarismo seja a forma de preconceito menos discutida no Brasil, nem tudo está perdido para a mulher moderna. Enquanto mulheres de gerações passadas se viam aposentadas para a vida ativa aos 50, nos dias de hoje a mulher madura namora, casa (de novo), muda de profissão, viaja sozinha, vira maratonista, se torna *youtuber*, escreve o primeiro livro...

Falo sobre os caminhos que nos permitem

e sobre como pode ser bom ser mulher nos 50+ (assim como eu) em pleno século XXI. Estas páginas são um convite para percorrer as dores e as delícias da maturidade.

Começo com uma breve apresentação pessoal para que possamos nos conhecer melhor antes de partir em nossa pequena jornada reflexiva nas estradas sinuosas e de lindas paisagens do cinquentenário. Como trago narrativas pessoais e perspectivas do processo que vivenciei, dos meus próprios abismos, essa aproximação é um marco inicial importante.

Nossa caminhada rumo a novas compreensões do que é ser uma mulher irá explorar o que chamo de "poderes" que podem ajudar mulheres maduras a ressignificarem suas existências.

Primeiramente, quero compartilhar estratégias para o **resgate da sua identidade** e levantar algumas possibilidades para uma vida mais livre e independente.

Em seguida, vamos explorar o uso de ferramentas que permitem ou facilitam uma **reorganização financeira** e esmiuçar algumas formas para se reinserir no mercado de trabalho. Por meio das minhas vivências, tentativas, sucessos e fracassos, falo de como empreender e arquitetar as finanças na busca de **estabilidade e tranquilidade** nessa área das nossas vidas.

Depois, vamos navegar juntas nos mares da **espiritualidade** (deixo claro desde já que não se trata de religiosidade), ao passo que partilho minha própria busca por bem-estar num mergulho profundo em mim mesma para encontrar a tão sonhada **paz interior**.

Por último, mas não menos importante, vou confidenciar segredos não tão secretos sobre minhas aventuras sexuais como mulher madura e assim irei compartilhar algumas técnicas para **resgatar a sexualidade** nesta fase da vida. Concluo o livro com algumas palavras finais (ou talvez não tão finais assim).

O objetivo das palavras e histórias que imprimo nestas páginas é de quebrar tabus, dar força e entusiasmo para as mulheres **usarem a maturidade a seu favor**. É também uma forma de educar homens e jovens, ajudando a desmistificar e a ressignificar a imagem desfocada e equivocada que alguns ainda fazem das mulheres nos 50+.

Se você, leitora, é uma mulher madura, **é chegada a hora de encarar a felicidade** e deixar de ser uma borralheira presa em um emaranhado de pseudolimitações impostas por uma sociedade ainda com um quê de etarismo. Se você, leitor ou jovem leitora, nunca parou para pensar no papel e nas possibilidades que se estreitam ao passar dos anos para nós, mulheres, este livro também pode ser para você: quero que possa enxergar além e que veja um pouquinho do mundo pelos meus olhos de cinquenta e tantos anos.

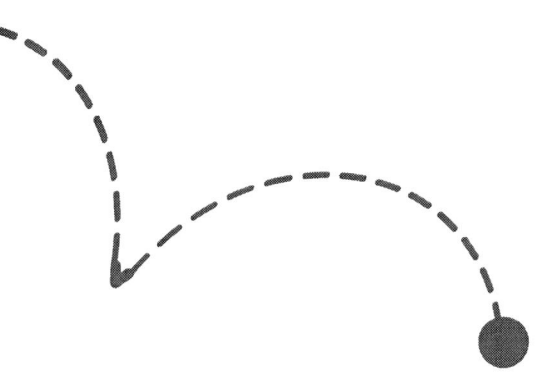

HÁ QUEM DIGA POR AÍ  ME ACOMPANHE E VAMOS VER SE ESSA MÁXIMA SE COMPROVA?

QUE OS 50 SÃO OS NOVOS 30

QUEM SOU EU?

Se você ainda não me conhece,

Se já me conhece, é um deleite ter a oportunidade da sua companhia mais uma vez. Trago aqui uma síntese geral do que me trouxe a este lugar: como cheguei ao meu trabalho como **influencer da maturidade**.

A partir do meu cinquentenário, decidi fazer uma reflexão pessoal e comecei a compartilhar nas redes sociais um pouco do meu cotidiano. E sem glamourização e embelezamento do que se compartilha. Eu realmente comecei a (re)criar uma identidade e a ter a minha voz amplificada quando decidi falar da vida real. Todo mundo era rico, lindo, feliz, ninguém tinha problema... E eu comecei, de alguma forma, a tocar na tecla SAP da vida real "pé no chão".

> PASSEI POR MUITAS **DIFICULDADES ADVERSIDADES APERTOS**

Chegar ao fundo do poço e atravessar esse luto me lançaram em uma jornada de autoconhecimento, de resistência e de resiliência. Não foi um caminho de flores. Perto de completar os temidos 50 anos, terminei um casamento de mais de 20 anos, tive um câncer, fui despejada de dois apartamentos e me vi inundada em problemas financeiros e com filhas adolescentes expulsas da escola. Não bastasse, tive dengue. Bateu depressão. Veio a pandemia. Muitas vezes fui invalidada, mal interpretada e sacaneada por trazer a vida real para a roda quando abertamente falava dos meus problemas, dos boletos para pagar, das merdas em que eu estava chafurdada (tenho a sensação que só durante o pandemônio Covídico, quando todos estavam navegando a mesma tormenta, pude me sentir menos no fundo do poço, ou talvez menos sozinha por lá).

Mas fui à luta. Decidi não sucumbir. Li bastante, pensei muito, cheguei à conclusão de que o feminismo respingou na perspectiva de vida das mulheres modernas. A idade madura não é o fim. Ela pode ser (re)começo. E, assim, fui me reinventando. Casei de novo (com direito a vestido de noiva), hoje namoro, voltei a trabalhar, passei a gozar de hábitos de vida mais saudáveis e a me embrenhar em um labirinto de muitas possíveis entradas e saídas com novos projetos.

Ter 50 anos (um pouco mais, um pouco menos) nesta época em que vivemos é a maior sorte que uma mulher pode ter. Não é um conto de fadas, só de alegrias e realizações. Ao contrário: é um momento complicado, repleto de desafios, mas a boa notícia é que

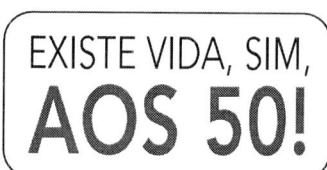

Dentre as minhas empreitadas, está o projeto **#Atitude50**, que propõe incentivar e influenciar outras mulheres por meio das redes sociais, de bate-papos no YouTube, talk shows em shopping centers (alguns em parceria com a escritora Martha Medeiros) ou em palestras motivacionais para líderes empresariais.

Outro projeto que conduzo e que se desdobra do #Atitude50 é o *Atitude 50 Escapes*, que vai para a sua 3ª edição em 2022: uma viagem só com mulheres maduras, acima de 50 anos, em que proponho vivências da maturidade (em um hotel incrível, com direito a um jantar inspirado no filme dinamarquês de 1987, *A Festa de Babette*, dirigido por Gabriel Axel e inspirado no conto homônimo de Karen Blixen).

Uma das criações de minha autoria da qual me orgulho se materializou em uma forma lúdica de promover vivências e reflexões sobre a maturidade: um jogo de cartas com conceitos incomuns referentes ao universo da idade madura. O baralho traz as palavras em uma face e no verso seus significados; e nas dinâmicas, a ideia é desembaralhar nossas ideias sobre os 50+.

Além disso, também sou colunista semanal e mensal, respectivamente, da revista *Claudia* (on-line) e do site www.inconformidades.com. Pessoalmente e por meio do #Atitude50, estou sempre envolvida em campanhas que lutam pelo **fim da violência contra a mulher e para a prevenção ao câncer feminino**, como apoio às mulheres em tratamento (momento pelo qual já passei).

Sou ácida no meu pensamento, exibida nas minhas palavras, desavergonhada e gosto de falar aberta e francamente sobre a temática da maturidade e tudo que está incluído nela, inclusive aquilo que a maioria das pessoas evita falar sobre, por medo, vergonha ou puro desconhecimento e preconceito.

> NÃO ESPEREM QUE EU FALE APENAS SOBRE O LADO "COR-DE-ROSA" DA LONGEVIDADE

Do aparecimento do primeiro pentelho branco ao escape de xixi, do pau mole à secura da pepeca até temas como viuvez, endividamento, chegada dos netos, saída dos filhos, "geração sanduíche", poliamor, política…

Quero falar de tudo um pouco, sem qualquer bestialização de quem cisma em se referir aos mais velhos no diminutivo, de quem decreta a morte em vida fora da juventude, por nos anular como se não sentíssemos mais tesão, como se não fôssemos mais capazes de produzir e ganhar dinheiro.

Em 2018, eu criei o meu canal de comunicação no YouTube, o **Kikando na Maturidade**. Essa minha jornada, que gosto de chamar de "Jornada da Heroína Madura", se inicia quando comecei a compartilhar com outras pessoas, na minha mídia raiz – o Facebook –, por volta de 2012. Esse movimento acaba me tornando uma espécie de depositária das ideias e das vontades dessa mulherada madura.

Neste livro, **não trago uma receita pronta, uma solução única e miraculosa**. São relatos e dicas que se misturam com falas autobiográficas com a missão de quebrar tabus, de **dar força e entusiasmo para que cada vez mais mulheres usem a maturidade a seu favor** e, assim como eu, busquem formas de renascer e de continuarem vivas (literal e visceralmente) nos e após os 50. Vou compartilhar narrativas pessoais, confidenciar problemas, dividir as soluções que encontrei pelo caminho, respostas que obtive, meus tropeços e acertos.

Agora que as devidas apresentações já foram feitas e que sabem um pouco mais de quem vos fala, convido a todas (e todos) a embarcarem neste passeio comigo:

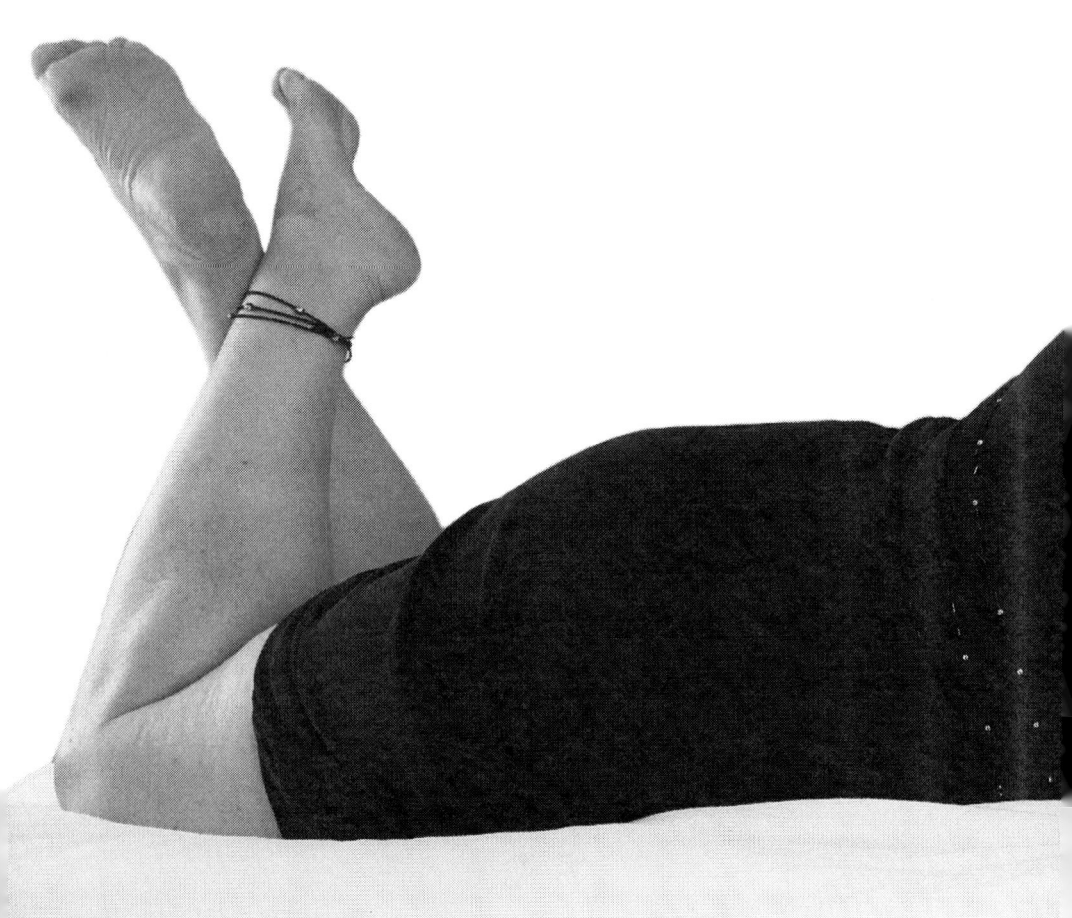

COMO TRANSFORMAR OS TROPEÇOS EM ALAVANCAS?

Neste capítulo, vamos falar sobre **como traduzir a vulnerabilidade em potência**. Posso dizer que eu me materializo como uma prova viva desse processo. Na minha história de vida, há incontáveis derrapadas, inúmeras quedas. Me deparei com muros muito altos, barreiras que pareciam intransponíveis. Diferente de muitas pessoas que não se expõem publicamente, que colocariam isso para "debaixo do tapete", decidi anunciar e compartilhar as contrariedades em alto e bom som. Divulguei em um alto-falante para quem pudesse ouvir. E agora as transcrevo neste livro também.

Vivências compartidas ressoam: produzem ecos que chegam a mim como uma devolutiva recheada de esperança por meio de mensagens que eu recebo, dos contatos que se estabelecem e até mesmo quando sou abordada na rua, quando as pessoas falam "Você é a Kika...", "Nossa, eu sigo o seu Instagram...", "Adoro as coisas que você escreve...". Espontaneamente, **essas mulheres vão dividindo comigo um pouco dos seus olhares e pensares**. E assim como aquilo que vivo, tudo que ouço e vejo também me nutre e se transforma em conteúdo (seja para o meu canal, seja para as colunas que escrevo ou para estas páginas que vou preenchendo por aqui).

CONTEXTUALIZANDO A MINHA SITUAÇÃO

Quero começar ilustrando e descrevendo a situação em que eu me encontrava em 2012. O intuito é que, ao compreender esse meu relato, você possa começar a tecer uma autoanálise de seu próprio momento atual. Eu tinha acabado de receber o diagnóstico do câncer: precisaria fazer duas operações para retirar seis órgãos e enfrentar um ano de quimioterapia. Soma-se a isso o fim de um casamento de 24 anos, que não acabou de uma hora para a outra, obviamente. **Mas quando contei para meu ex-marido que eu estava doente, ele simplesmente foi jogar tênis.** Ou seja, você pode imaginar que não recebi o acolhimento que precisava naquele momento.

A sequência de acontecimentos seguiu igualmente, ou ainda de forma mais catastrófica: fui despejada de dois apartamentos, morei durante quase três anos na casa da minha mãe, num quarto de 25 m² com as minhas duas filhas. Antes, morava num apartamento de aproximadamente 400 m². Trataremos das questões relacionadas a finanças no próximo capítulo, mas me permito dizer aqui de onde parte o meu incômodo.

Nunca fui "bilhardária", mas também não tenho um histórico de dificuldades financeiras nos primórdios da minha vida. Existem pessoas que nascem pobres ou em condições menos favorecidas e precisam lutar e fazer infinitos esforços para alcançarem as suas conquistas. E existem outras que nascem "princesas". Alguns filhos dos ditos "berços de ouro", que perdem status e recursos ao longo da vida. Eu faço parte desta última turma. O caminho estava preparado para mim, porém **fui perdendo muitas coisas na**

idade madura e isso realmente foi muito difícil. Sem trabalho, fiquei com grandes dificuldades financeiras. Para agravar a situação, tive dengue.

Em meio a tantas derrotas, minhas filhas ainda foram expulsas da escola em que estudaram por dez anos, por conta de suas notas. Ou seja, a minha vida estava literalmente revirada de ponta-cabeça e isso refletiu na saúde geral das minhas meninas (uma com 13 e a outra com 15). Elas estavam visivelmente abaladas com a minha doença, afetadas pelo término do casamento dos pais e, por fim, destruídas com a expulsão escolar.

Imagino que você deva estar se perguntando. Ou melhor, me perguntando: "Kika, como você fez?". Como disse ao me apresentar, não é uma solução única ou uma verdade absoluta. Vou contar o que **EU** fiz e como funcionou na **MINHA** história.

PRA QUEM TEM FÉ...

A primeira coisa que gostaria de pontuar é que **tive uma rotina de fé**. E isso é de suma importância. E quando digo "fé" não me refiro a nenhuma religião em específico. Pouco importa se você é judia, umbandista, espírita, católica, cristã, mística-esotérica... Nada tem nada a ver com religiosidade, mas sim com a capacidade que temos de acreditar que vai dar certo.

Apesar dos pesares, eu ainda era capaz de dizer: "Olha, tá doendo, tá difícil, mas eu vou adiante". E eu diria que meu caminho de fé foi traçado de uma forma um tanto inédita, sobretudo dentro da minha religião, que é o catolicismo. As pessoas em geral são treinadas e se cobram para agradecer. É quase "feio" querer, uma vez que fomos agraciados com o dom da vida. Mas a verdade é que **temos que PEDIR**.

Por meio da minha experiência, aprendi que, quando estamos padecendo, quando carecemos de forma absoluta, seja lá do que for, quando nos vemos beirando um abismo profundo, temos que pedir, mentalmente, por aquilo que nos falta, suplicar pelo que desejamos. Seja na saúde, por dinheiro, no amor... Seja mais literal e **dê voz e forma aos seus pedidos**. Use artifícios da inteligência emocional para, de alguma forma, conseguir conquistar sua própria confiança. Só então será possível atingir essa certeza em algo "além".

Posto isso, meu primeiro passo pode ser descrito assim: peça de forma específica. Eu, por exemplo, verbalizava: "Quero sair bem da cirurgia que farei no dia tal, no hospital tal". Ou "Eu quero pagar a dívida de tantos mil reais para o credor tal", "Quero ser ajudada pelo advogado tal"... Não pode ser meramente "Eu quero um amor". Você precisa descrever a intenção de forma plena e completa. Quando temos uma questão muito séria para resolver, um desejo muito grandioso para conquistar, sabemos exatamente como compor essa mensagem. Peça. E peça com detalhes: "Eu quero um amor. Que goste de ler, que ame Paris, que curta cozinhar risoto". Vista suas súplicas em modelitos de *storytelling*...

CORPO SÃO...

A segunda ação, considerada vital para mim durante esses anos de chumbo, foi trabalhar com o meu corpo. Não é sobre tentar se encaixar em padrões estéticos surreais ou se render à ditadura de beleza. Me refiro aos tais trinta minutos durante os quais você precisa **colocar o corpo em movimento para desanuviar a cabeça**.

Digo que suar é vazar pelos poros do corpo. É uma forma de chorar sem ser com os olhos. E como fazer isso? Pode ser um sobe e desce escada no prédio, uma volta no quarteirão. Se você tem recursos e oportunidade, pode ser em uma academia, pode experimentar a dança, o *crossfit*, o *spinning* ou... qualquer outra atividade... Não importa como, mexa o seu corpo por pelo menos trinta minutos diariamente, sobretudo em tempos de dificuldade. Está passando por um momento difícil? Cuide do seu corpo. É uma movimentação terapêutica. Isso realmente me ajudou.

Sei que criei um negócio que transforma vidas para melhor. Mas nunca foi só sobre DANÇA ou atividade física, aqui é uma constante realização de sonhos, e isso é muito poderoso. A gente vibra e vive pela felicidade das pessoas, como a Kika, que trouxe um ar 50+ para as aulas de HiDance. Aluna aplicada, ela mostra que ser mais velha não é um impeditivo para expressar suas emoções através do corpo. É liberdade e cura, sobretudo para mulheres que vivenciam a menopausa, mas não se entregam à melancolia. Dançam para não "dançar" na vida. Soltam as suas feras.

Tatiana Menezes Carneiro da Cunha
(criadora do Espaço Vibre)

E O VERBO SE FEZ... **CURA**

A terceira e poderosa ferramenta que também aprendi, nesses tempos sombrios que vivi, foi falar. **Falar sobre o problema**. Tem dificuldade de falar com as pessoas próximas? Fale com um desconhecido. Se tiver como custear, faça terapia. Afilie-se a grupos de mulheres, frequente grupos de oração, esteja com outras pessoas, sobretudo com outras mulheres. Reúna-se com elas para falar especificamente sobre o seu problema. Às vezes, a melhor amiga não é a pessoa mais indicada para essa troca. Muitas vezes uma pessoa razoavelmente desconhecida poderá oferecer um olhar mais claro, poderá ver a figura toda.

O mais importante é que se fale sobre o problema. Fale sobre o que aflige, fale sobre as soluções que acreditam ser as melhores, pois muitas vezes não são tão boas assim, e uma opinião, um pitaco que seja de uma pessoa de fora da situação pode elucidar novas alternativas. **Falar cura; falar reorganiza a mente**. E, mais importante, quando falamos, podemos nos ouvir e isso nos dá a chance de processar pensamentos tão díspares e nos permite torná-los mais lineares.

> "Nascemos por excelência desamparados", disse Freud, e a noção do desamparo pode ser lida numa dimensão inerente à condição humana. À medida que envelheci, a questão do desamparo se fez presente fortemente na minha vida, e a saída dessa orfandade estrutural foi apostar no desejo, que é algo que me lança para fora de mim, fazendo barreira ao empuxo em direção à morte, à finitude.
>
> Sabemos que Eros, independente da idade, nos conduz para fora dessa condição do desamparo, levando-nos a buscar potência para enfrentar a vida. E Kika faz isso muito bem: como uma leoa destemida que traz nestas páginas inspiração frente à inércia.
>
> Gilda Pitombo (psicanalista, doutoranda em Arte na UERJ - Universidade do Estado do Rio de Janeiro e coordenadora do projeto Interlocuções na Cidade das Artes Bibi Ferreira)

SINTETIZANDO...

Recapitulando o processo que descrevi, nosso primeiro momento parte do reconhecimento da nossa vulnerabilidade para então transformá-la em potência. Dos nossos tropeços e quedas, determinamos que precisamos nos reerguer. Algumas pessoas conseguirão fazê-lo em um curto período. Outras podem demorar um pouco mais. O que não podemos é assumir uma posição estática em nossas vidas.

Minhas sugestões iniciais, de acordo com as minhas experiências, são:

1 ORAR, PEDIR, TER FÉ E CONECTAR-SE COM ALGO **MAIOR**

2 MOVIMENTAR O CORPO, POIS AJUDA MUITO NESSA CURA MENTAL

3 ESVAZIAR A SUA MENTE POR MEIO DA FALA

PROPOSTA (DECENTE)

Agora, gostaria de propor uma das dinâmicas que fazem parte da nossa jornada. Sim, neste livro divido histórias minhas, mas a ideia é que não seja uma leitura passiva. Vamos construindo juntas novos relatos, estratégias e novas histórias a partir do que você, leitora, carrega em sua bagagem. Portanto...

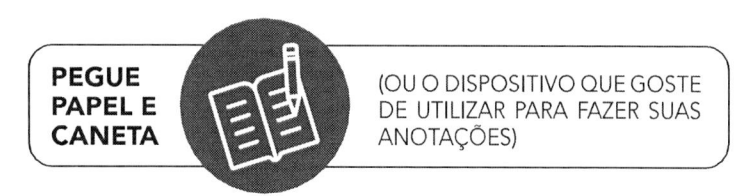

PEGUE PAPEL E CANETA (OU O DISPOSITIVO QUE GOSTE DE UTILIZAR PARA FAZER SUAS ANOTAÇÕES)

DINÂMICA **1** A Declaração da Mulher Madura

Esta primeira dinâmica se chama **"A Declaração da Mulher Madura"**. Você vai escrever o seguinte: "Eu, (seu nome) declaro, neste dia (data completa), que vou transformar a minha vida atual nos seguintes pilares: (inserir aqui os seus direcionamentos pessoais)".

Imagino que você já deve ter uma lista de desejos. Caso isso ainda não esteja tão definido, listo aqui algumas possibilidades para inspirá-la. Pode ser organizar a aposentadoria, terminar um relacionamento abusivo, poupar R$1.500 por mês, vender o apartamento dos seus pais, encarar aquele exame ou operação que está procrastinando, pedir demissão e empreender. Enumere resoluções importantes que impactam a sua vida e, quiçá, a vida do seu núcleo familiar.

Após elencar **quatro pilares para a sua transformação**, precisamos relacionar a resolução a um tempo de execução.

> **NÃO PODEMOS ESTABELECER METAS IRREAIS OU IMPOSSÍVEIS**
>
> O que dá para fazer em um mês?
> Marcar aquele exame?
> De repente, em seis meses é possível vender aquele apartamento que era dos seus pais?
> Conseguiria organizar a aposentadoria?
> Ao menos dar entrada no processo?
> Talvez em um ano, seja viável poupar uma quantia determinada mensalmente e criar sua reserva de emergência?
>
> **ENFIM, PENSE EM METAS EXEQUÍVEIS**

A **"Declaração da Mulher Madura"** é de grande valor. É um momento de estabelecer seus quatro objetivos principais. Tenha esse documento perto de si. Caso tenha medo ou não queira que outras pessoas vejam, certifique-se de deixar as anotações em um local seguro (pode ser o bloco de notas do celular; pode ser o antigo e juvenil diário com cadeado; pode guardar o papel dentro de um livro). O primordial é que tenha esses pilares com você. Releia-os a cada semana, como se fossem um guia para sua nova vida.

Ao reler, pergunte a si mesma: estou fazendo o que me propus? Estou conseguindo ir ao encontro dos meus quatro pilares? Estou conseguindo, de fato, alcançar os meus objetivos no tempo estabelecido? Como é que isso está se manifestando para mim? É necessário acompanhar o cronograma traçado. E assim que uma das metas for concluída, troque-a por uma nova. Dessa maneira, você acabará **fazendo um carrossel de desejos**.

Temos que nos posicionar no centro de nossas vida. Nossos desejos mais íntimos precisam se tornar realidade. Penso que quem chegou até aqui, como eu, passou grande parte da vida cuidando da prole, da carreira, da vida adulta. Batalhamos incansavelmente para conseguir uma aposentadoria razoável e é provável que neste corre-corre tenhamos aberto mão de tantas coisas. Deixamos de lado o autocuidado, despistamos nossos destinos e priorizamos tudo e todos em detrimento de nós mesmas. É chegada a hora de decretar um basta. Chega!

Como parte do processo da "Declaração da Mulher Madura", convido você para um exercício de autorreflexão. Na minha caminhada, me fiz uma infinidade de perguntas: "Por que você demorou tanto tempo e ainda está estrangulada no êxito dessas áreas da sua vida?" Divido o que ouvia de outras mulheres e conclusões fundadas em minhas próprias vivências: "Eu sempre fui o 'pau da barraca', o homem da casa, muito sozinha para resolver todos os problemas."; "Fui leviana lá atrás e achei que a vida estava resolvida, mas não olhei as pedrinhas no caminho, que viraram grandes obstáculos."; "Esbanjei muito, acreditando que a fonte não secaria, mimei demais a mim, não pensei no meu futuro."; e talvez o veredito mais cruel e difícil de lidar: "Me organizei, fiz tudo certo, fui uma pessoa correta, trabalhei, poupei, mas eu não tive uma visão do todo e não contava com os tropeços, com as reviravoltas que a vida inesperadamente pode dar." Exercite esse olhar para si: é como se ver num espelho sem maquiagem, sem filtros.

Essa peregrinação rumo a mudanças de vida não funciona se não houver uma entrega genuína. É um exercício solitário e corajoso de desnudar-se. **É se rasgar e se remendar**. Sempre que recorrer às suas anotações, revisite os pilares que projetou para sustentar a transformação. Questione-se, se indague. Ainda que não encontre imediatamente as respostas, as perguntas devem fazer parte do seu processo.

Para ilustrar o poder da vulnerabilidade, trago uma referência de uma fonte da qual bebi. O livro se chama *A Coragem de Ser Imperfeito*, de Brené Brown. A autora, que é socióloga e antropóloga, fala de aspectos vulneráveis de si e, como pesquisadora, inclui dados sobre seu objeto de pesquisa: a matéria humana. Um dos pontos que dialoga com o que proponho aqui é a analogia que ela faz sobre dois grupos de sujeitos distintos: aqueles que sabem o seu valor e aqueles que duvidam de si.

Sobre o primeiro grupo, ela diz: "Eles abraçam o erro. Eles não têm vergonha de cair. Eles riem de si mesmos. E eles andam pelo caminho da certeza. E a maior parte deles é líder." Ou seja, não é para vestirmos uma capa de herói, tampouco sobre acreditar ser infalível, como se a vida fosse um oba-oba contínuo de alegrias e vitórias. Na verdade, é sobre a habilidade de lidar com os nossos precipícios: reconhecê-los, construir pontes para atravessá-los, saber se pula ou não pula. Brené Brown descreve o segundo grupo, aquele ofuscado nas sombras de suas próprias inseguranças, como os milimétrica e politicamente corretos, que driblam todo tipo de conflito, fazem o possível para se desviarem de coisas sérias e, consequentemente, preferem ser dominados e comandados.

A autora lança luz sobre o que se tende a deixar na escuridão: ela ilumina a imperfeição. Para ela, **é justamente no desvio, no equívoco, na falha, na inexatidão que produzimos a centelha para uma explosão que nos propulsiona a sermos únicos e a conquistarmos as nossas certezas**. Se temermos o erro e o evitamos, é como chafurdar em um estado de inércia: sem movimento, sem tentativa e erro, sem o cair e levantar é desistir e decretar o próprio fim antes que a real finitude chegue.

Repito: existe potência na vulnerabilidade.

"A jornada da vulnerabilidade não foi feita para se percorrer sozinho. Nós precisamos de apoio, de pessoas que nos ajudem na tentativa de trilhar novas maneiras de ser e não nos julguem. Precisamos de uma mão para nos levantar quando cairmos (e se você se entregar a uma vida corajosa, levará alguns tombos). A maioria de nós sabe prestar ajuda, mas quando se trata de vulnerabilidade, é preciso saber pedir ajuda também".

Brené Brown
(em A Coragem de Ser Imperfeito)

DINÂMICA 2 A Mala de Viagem e a Lata de Lixo

Sugiro uma segunda dinâmica. O novo documento que você irá redigir (seja com o papel e caneta ou em seu *device* de escolha) será intitulado **"A Mala de Viagem e a Lata de Lixo"**. Desenhe dois círculos: um deles representará a lata de lixo e o outro a mala de viagem (identifique-os devidamente). **Vamos trabalhar os conceitos de importância e inutilidade.**

Muitas coisas na nossa vida são importantes, mas às vezes as tratamos como inúteis ou supervalorizamos coisas sem muita valia. Veja a lista de palavras a seguir e escolha onde vai depositá-las. São apenas alguns exemplos, a ideia é que você possa fazê-lo de forma independente:

GRATIDÃO
MALDADE
VINGANÇA
ESPERANÇA
RAIVA
ALEGRIA
INFIDELIDADE
ÓDIO
DESRESPEITO
OPRESSÃO

A lista pode ter uma infinidade de palavras, de coisas e sentimentos. Pergunte-se:

> **"Quantas vezes na vida descartei a esperança, a amizade, o amor?"**
>
> **"E quantas vezes fiz as malas carregadas de maldade e ódio e segui estrada afora?"**

A intenção é colocar as coisas certas nos lugares devidos.

Faça disso um exercício constante. Quantas coisas você poderia ter atirado no lixo e acabou empacotando para levar consigo? Por quanto tempo carregou ou arrastou esse excesso de peso desnecessário na bagagem? Reflita sobre onde colocar os sentimentos certos, na hora certa e no lugar certo. Pode parecer bobagem, mas não é. Só é simples: não precisa de um oráculo dos deuses. Avalie, questione-se e organize os sentimentos, as relações, os desejos, as situações e os problemas da sua vida nos lugares apropriados, nos compartimentos adequados. É uma forma criativa que facilita fazer uma espécie de limpeza profunda dos nossos pertences emocionais.

UM MAREMOTO APAZIGUADOR

Bem, com essas provocações iniciais, termino esta parte dizendo que **a idade madura é um chamamento, uma premência**. É o prenúncio de um maremoto. Um tsunami que inunda, mas também apazigua. É tempo de assumir o controle e de fazer ou refazer a sua vida. E não há tempo para adiar. Se não agora, então quando? Com a maturidade e a finitude que se aproxima (a tal vulnerabilidade), ações urgem. O depois pode não chegar. E é esse enxergar do fim da linha que nos impulsiona: aqui é que mora a tal potência. **A proximidade da morte e a certeza sobre a efemeridade da vida nos dão urgência de viver.**

2

COMO TER ESTABILIDADE FINANCEIRA ?

Planilhas... Cálculos... Nos últimos tempos, são muitos aqueles que estão enfrentando a falta de empregos e as dificuldades financeiras, em especial as mulheres, que já constituíam minoria no mercado de trabalho graças ao histórico social do patriarcado. Se isso já assola a juventude, que socialmente dispõe de uma gama maior de possibilidades, **pagar as contas na maturidade torna-se** uma verdadeira montanha-russa

Na ponta de uma caneta vermelha, vamos apontando os zeros a menos, e entre os boletos que lotam as nossas mesinhas nos deparamos com cenários melancólicos.

Em um ato de resistência contra um lado da sociedade que ainda anula as mulheres nos 50+, vejamos como a maturidade pode ser um período muito útil para ajustes de sonhos. Digo ajustes porque, dada as circunstâncias, passamos a ser mais econômicas no pensar. Com Cronos ao nosso lado e com firmeza para tomar as rédeas de nossas vidas, ainda há muito espaço para realizações, para prosperar e garantir uma senescência segura e tranquila e até para reverter os imbróglios do endividamento sênior.

Em qualquer época, mas sobretudo na nossa idade, é importante organizar suas contas e entender o seu cenário. Caso você já tenha plena consciência ou um mínimo entendimento da situação em que se encontra, **assuma sua condição**. Não dá para avançar e ter sucesso sendo uma negacionista omissa sobre sua própria vida. Assim, começamos pela tomada de consciência. Sem a espera utópica de que a órbita dos planetas seja realinhada por um Deus de plantão que vai resolver o saldo da sua conta bancária e arcar com os seus gastos.

Assuma o controle de suas finanças. O ponto de partida deve ser a compreensão do tamanho dos seus gastos. Aquelas que já o sabem, é um bom começo. As que porventura terceirizam esse setor da vida e deixam o controle do dinheiro nas mãos de outrem (seja do marido, do irmão, do contador, da secretária), que recuperem e tomem para si a responsabilidade para que possamos seguir.

O QUE O BERÇO DÁ, A MÁ ADMINISTRAÇÃO LEVA...

Bom, agora entramos no assunto educação financeira e reitero que não tenho uma história triste para contar. Não tive uma infância ou juventude difícil: nasci princesa em um reino muito farto. Mas o meu relato se constitui em primeira pessoa. **A partir da minha experiência, espero que você faça um simulacro de sua vida pessoal**. E começo com a história do meu pai, que teve uma enfermidade que se estendeu por 14 anos entre idas e vindas ao CTI de um hospital até o dia da sua morte.

Foi aí que o patrimônio da família começou a ser dilapidado num espiral de má administração de doenças somado à própria configuração da família: minha mãe era "do lar", nunca havia trabalhado. E meu pai era o único provedor, como de costume nos casais da idade deles. Com a doença, esse pêndulo entra em total descompasso.

Minha mãe carrega um passado de dificuldades. Aos 9 anos, teve uma artrite reumatoide severa, e todo ano, repetidamente, dizia que daquele ano não ia passar. Hoje ela está com seus 80 anos, segue com muitas limitações, acamada, mas com a cabeça razoavelmente no lugar, apesar dos primeiros sinais de uma demência já se tornarem perceptíveis. Ocorre que meu pai, quando adoeceu, resolveu compensar a falta de saúde da minha mãe, mimando-a. Ela era rainha da casa, o que ela pedia ele ofertava. Ela sonhava, ele concretizava. E eu fui na aba. Então, se ela era rainha, eu era princesa.

Eu, como filha única desse lar de abundância, acostumada a viver no fausto, me vi desbancada quando na idade madura os meus recursos começaram a minguar. Às vezes, em relatos de vida de escassez, de carestia, a falta propulsiona, se torna um momento solar para mudança, para lutar por uma vida melhor na *timeline* crescente da trajetória. Mas quando se é mais velha, e consequentemente dotada de menos disposição e mais impactada por todas as adversidades do que passou na vida, **passar a primeira marcha e sair da inércia pode ser extremamente mais penoso e desafiador**.

Meus pais nunca me falaram sobre poupar. Nunca se organizaram financeiramente. Acho que sempre foi um mix de "Deus proverá" com "Vai dar certo". Mas isso não dá certo. Precisamos ter o controle real da nossa vida. Apesar de toda facilidade que a minha criação e estrutura familiar me ofereceram, alguma coisa no meu íntimo sussurrava aos meus ouvidos que não era bem assim, então **comecei a trabalhar muito cedo, aos 17 anos**. E nunca mais parei. Acumulei, assim, mais de 40 anos de trabalho nas costas e me orgulho muito disso.

No entanto, a minha carreira teve um momento de interrupção por conta do câncer severo que enfrentei em 2012. Isso me fez mudar minha vida profissional inteira e até hoje estou aqui por esses novos caminhos que fui perseguindo. Sempre trabalhei na área de comunicação, mas como assessora de imprensa, dentro de um formato comum e tradicional. Eis que há pouco me lancei no desconhecido da internet.

QUEM NÃO É VISTO, NÃO É LEMBRADO...

Mantenham as questões de trabalho sempre no radar. **Aqui, trago algumas dicas preciosas** (talvez seja um bom momento para tomar notas). Se já teve algum trabalho na vida, não ignore a rede de contatos que estabeleceu. Não perca o *networking*. Mesmo que esteja afastado há muitos anos ou que sua carreira profissional seja desdentada, cheia de altos e baixos. Ainda que não tenha seguido por um caminho profissional tradicional ou que tenha sido empregado em poucas empresas ou em companhias que não existem mais.

O exercício que sugiro agora começa com

1 **FAZER UMA LISTAGEM DE TODAS AS PESSOAS COM QUEM ESTABELECEU VÍNCULOS LABORAIS AO LONGO DOS ANOS**

Colegas de trabalho, conhecidos com quem esbarrou profissionalmente, pessoas que conheceu em cursos ou intercâmbios, ou que lhe ofereceram algum tipo de ajuda em algum momento da vida. Escreva também o nome das empresas ou instituições relacionadas a essas conexões: é importante apontar de onde esses contatos vêm ou onde estão agora.

2 **CRIAR UM PERFIL PROFISSIONAL NO LINKEDIN**

Caso nunca tenha ouvido falar, eu explico: é um Facebook do mundo profissional e hoje em dia é fundamental figurar nessa rede de trabalho. Nela, você pode inserir dados da sua formação, experiência, se conectar com pessoas e empresas, ser notificado de vagas relacionadas à sua busca, divulgar projetos, etc.

3 **MONTAR UM CURRICULUM VITAE**

Entendo que você pode estar presa na máxima de que ninguém atualmente contrata pessoas 50+, ou simplesmente perdida porque não saberia para quem ou para onde enviá-lo. Tenho certeza de que o seguinte pensamento cruzou a sua cabeça: "Se empregabilidade está difícil para jovens formados, com vivências no exterior, carregando MBAs e fluentes em mais de uma língua, imagina para uma pessoa com (mais de) 50 anos".

Sim, no Brasil o etarismo no mercado corporativo é inegável e é um tema frequentemente debatido. Tal como retratado no filme *Um Senhor Estagiário* da Anne Hathaway com Robert De Niro (disponível na Netflix), é urgente que esse cruzamento de gerações aconteça nas corporações, misturando o profissional sênior, no auge de seus 50-68 anos, aos recém-chegados, com seus 18-22 anos. Mesmo com todas essas questões ou sem destinatário definido, tenha o seu currículo pronto: coloque seus dados básicos e seja sucinta.

> *Você é 50+ e, até aqui, em sua carreira, trabalhou para ser disputado pelo mercado ou apenas atuou para entregar resultados para sua empresa? "Sua empresa"? Como assim? E o que fazer quando esta empresa não for mais "sua"? Isso vai acontecer! Siglas, nomenclaturas, verbas publicitárias, estrutura, colaboradores... tudo isto vai desaparecer quando você não ocupar mais esta cadeira. E o que você vai levar? Experiência acumulada, aprendizados vivenciados e networking genuíno. Então, desde já, fortaleça a sua marca, o seu sobrenome real, ao invés de valorizar apenas o corporativo. Reinvente-se, faça algo novo, inove, incremente seus relacionamentos, crie, valide e aplique planos profissionais paralelos à sua ocupação atual. Faça o seu mundo "kikar" agora e marque gols de placa em sua vida.*
>
> Mauro Wainstock
> (sócio-fundador do HUB 40+, colunista da EXAME e LinkedIn TOP VOICE)

E QUEM TEM BOCA, VAI MAIS LONGE...

Outra dica que quero destacar para aquelas que buscam trabalho. Não se envergonhe e não se omita. As palavras e a comunicação têm poder. Eu acho importante **falar que você procura trabalho**. Pronuncie-se nos círculos aos quais tiver acesso. "Estou precisando de grana", "Tenho que voltar a trabalhar", "Sabe de algum *bico*?", "Posso fazer um *job*?", "Está sabendo ou precisando de um *part-time*?". Deixe que saibam que está disponível para voltar ao mercado de trabalho.

CHOQUINHO DE REALIDADE

Sem querer desanimá-la, mas preparando-a para a realidade: os salários são baixos. Benefícios? Esqueçam. Plano de saúde, vale-refeição, seguro, vale-transporte? Foi-se o tempo e se torna utopia para a nossa faixa etária. Hoje muitos seniores são contratados por hora de trabalho, ao invés do contrato mensal. Ideal? Longe disso. Mas vejam pelo lado bom: isso permite tempo livre para fazer várias coisas. A cultura *Home Office* também está em alta. A maioria das empresas não vai demandar uma carga horária presencial.

Caso alguém não tenha constituído uma carreira, um ofício ou um legado corporativo, **precisa pensar fora da caixa e buscar soluções criativas**. Domina uma outra língua e poderia fazer traduções? Sabe fazer faxina? Poderia dar aula de piano ou violão? Faz o melhor papo de anjo que já experimentou? Qual receita especial ou exótica da família poderia se tornar um produto interessante e vendável? E por que não se tornar uma voz da maturidade, assim como eu?

Em 2012, quando fiquei doente e comecei a vomitar as minhas neuras no Facebook, não imaginava que tomaria as proporções que me trouxeram até aqui. Me tornei colunista semanal da revista *Claudia*, escrevo mensalmente no site paulista Inconformidades, tinha um *roadshow* com a Martha Medeiros. Sou *youtuber* e *influencer* da maturidade. Durante a pandemia, realizei mais de 100 lives (batizadas de #kikalives) que deram um *up* na minha audiência e me consolidaram, de forma orgânica, como entrevistadora. Produzi um curso on-line e sou palestrante para empresas que me contratam para divulgar determinadas ações e produtos. Quem disse que eu seria isso?

Trabalhamos com o que temos. É uma boleira e uma confeiteira exímia? Você pode vender bolos ou estruturar cursos on-line, por exemplo. Você pode se tornar blogueira de moda, de culinária. Compartilhe vivências: as redes sociais, as tecnologias e a internet possibilitam produzir conteúdo que pode ser útil para outras pessoas e, inclusive, ganhar dinheiro por meio disso. Não sou *coach*, psicanalista, psicóloga, sexóloga, ginecologista. Mas como uma jornalista que fala em primeira pessoa, descobri uma forma de ajudar outras mulheres promovendo conteúdo baseado nas minhas histórias e memórias sobre ajudar a mim mesma e de dar fim aos meus boletos empilhados... Ou seja, **seus saberes podem virar serviços ou produtos** e, nesse mundo virtual multiconectado, pode atingir um número inimaginável de pessoas.

NA PONTINHA DO LÁPIS
(OU DO CURSOR DO EXCEL)

Iniciei um curso de educação financeira um pouco antes da pandemia e acabei intensificando o foco nas aulas on-line e na minha reorganização econômica durante o período de isolamento. Uma dica importante que trago desta experiência:

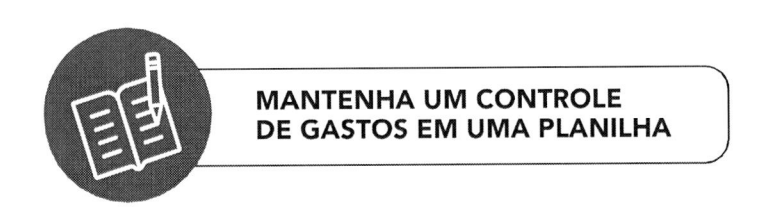

MANTENHA UM CONTROLE DE GASTOS EM UMA PLANILHA

O ideal é que você tenha uma planilha pré-pronta com as fórmulas. Existem *influencers* financeiros que disponibilizam as planilhas gratuitamente, você pode buscar isso posteriormente. O que ressalto aqui é a necessidade de administrar. Tenha paciência. Não é uma tarefa divertida. É chato, dá trabalho, precisa ser feito diariamente... Faço piada dizendo que peço bênção à planilha todas as noites. Quando deixo de atualizar por um ou dois dias, já acumula, e para ter maior controle o preenchimento precisa ser diário.

Existem coisas muito importantes que uma planilha nos leva a saber. Quanto ganhamos, quanto gastamos, quanto recebemos sem fazer presente esforço (aposentadoria, pensão, dividendos de ações). Entre as despesas, vou listar algumas para que você possa fazer um exercício mental ou anotar para posterior organização.

Imóvel Você mora em um espaço alugado ou próprio? Não sendo próprio, tem aluguel. Condomínio, IPTU, taxa de incêndio, luz, gás, água (se não estiver embutida no condomínio), a internet, o telefone celular, o fixo (caso ainda tenha). Há também gastos inesperados com reparos emergenciais em casa. Quebrou a geladeira, a máquina de lavar, estragou alguma coisa? Tem que consertar.

Gasto adicional Empregada ou diarista? Tem uma casa de veraneio? Outro aluguel, condomínio, reparos, caseiro, o fim de semana com a casa cheia...

Comida Supermercado, hortifruti, férias, refeições em casa, restaurantes e serviços de *delivery*.

Saúde Plano de saúde, médicos fora do plano, exames fora do plano, farmácia, remédio, dentista, aparelho odontológico, óculos, aparelho auditivo...

Lazer Viagens curtas? De carro?

Carro Tem IPVA, o pedágio, a manutenção do carro, o combustível, a limpeza do carro.

Beleza Você vai ao salão de beleza? Manicure, depilação, sobrancelha, escova... Academia, nutricionista... Botox? Preenchimento? Ufa!

E a lista só cresce: **terapia**, serviços de motorista por aplicativo, **transporte** em geral... Tem **filhos na escola** ou na faculdade, asilo de mãe, aluguel de *home care*, cuidador de idoso para os **pais**... Serviços de **streaming** de vídeo tipo Netflix, de música como Spotify, assinatura de versão premium de jogos ou aplicativos... Tem **pets**? Banho e tosa, adestrador, passeador, tem remédio, tem brinquedo, cama, *toyzinho*, guia...

Lembrando que tudo isso entra na planilha. E não acabou. **Presentes**: aniversários, datas comemorativas em geral. E a taxa bancária. Você sabe quanto custa o **IOF**? Tem multa de cheque especial? Contrata um contador? Trabalha como PJ? Você está por dentro dos custos do PJ, Simples, ISS e tributações? Você tem aplicações em investimentos? É acompanhado por um consultor financeiro? Paga as taxas mantenedoras dos Fundos? Sabe quanto elas custam? Tem dívidas, tem cautela no penhor? Deve no cartão de crédito? Paga honorários a um advogado? Sem considerar extravagâncias e luxos extremos, como *jet ski* e viagens para Paris, são muitos itens e não podemos perder o controle.

Dito isso, a planilha deve ir do primeiro ao último dia do mês. **A cada dia, anotem todo e qualquer gasto**. Dos R$ 4,20 do pão na padaria à taxa do IOF, aos R$ 0,37 que você ganhou de repente de uma aplicação. Sim, anote os 37 centavos. Alimente a planilha com absolutamente todos os dados e faça o fechamento diário toda noite. Não faça pela manhã porque o sistema bancário termina às 16h e é importante conferir o aplicativo do banco (e nem me diga que ainda retira o extrato no caixa eletrônico ou na agência.

Ter o aplicativo do banco ou acesso ao site é primordial: tenha suas finanças acessíveis e disponíveis na palma da mão ou na ponta dos dedos a qualquer momento). Planilhas feitas? Compare os meses. Entendeu melhor o quanto você custa?

Por falar em bancos, tenha apenas uma conta, em uma única instituição financeira por conta das taxas bancárias. Ou então, procure seu gerente e negocie o valor do pacote de serviços para que isso não tenha impacto na sua renda mensal. O mesmo vale para cartões de crédito. Eles são sinônimos de dívida. Ou tenha-os e utilize em situações emergenciais e com prudência. Nunca use o cheque especial: já viu o quanto de taxa e juros você precisará pagar?

DINHEIRO NA MÃO NÃO PODE SER VENDAVAL...

Voltando às dicas, temos que pechinchar em tudo. Uma frase bem clichê, mas que se aplica ao contexto: "O 'não' você já tem". Custa R$ 100? Diga que vai pagar R$ 80. Nessa, você pode conseguir baixar os seus custos diários.

Outra coisa importante que aprendi a duras penas e que, apesar de soar assustador, funciona é **"viver um degrau abaixo da sua realidade"**. Então, se sua realidade está em determinado marco, viva com um pouco menos desse padrão. Aparente menos, consuma menos, viva com menos. E não pense que isso pode atrair escassez ou que pareça mesquinhez. Muito pelo contrário, isso se chama **inteligência financeira**.

Não menos importante é não ser gastadeira. Sem cair na armadilha tentadora do "só se vive uma vez" ou do "eu mereço". Ocasionalmente, mime-se. Mas faça planos de organização financeira. Como? **Comece poupando 30%** do seu salário, da sua pensão, da sua mesadinha, da sua fonte de renda. Recebeu R$ 1.000? Invista R$ 300. Se não souber investir, uma das melhores opções atualmente para investimento seguro, sobretudo para fazer reserva de emergência, é o CDB-DI a 100%.

Para compor essa reserva de emergência, voltamos à nossa planilha e ao entendimento de quanto custamos ao mês. Se eu custo R$ 10.000 ao mês, preciso ter um ano garantido em minhas economias. Isso significa que precisaria de R$ 120.000 para garantir uma vida com a mesma configuração por 12 meses caso algo aconteça (seja por causa do temido desemprego, no eventual pesadelo de uma doença ou nas aventuras de um ano sabático). A reserva precisará ser refeita, mas a ideia é ter uma soma guardada/investida que sustente o mesmo padrão de vida por um ano. Só a partir desta segurança é que podemos começar a brincar de investir.

O fato é que **temos que aprender a lidar com dinheiro**. Siga essas informações básicas com o controle por meio de uma planilha, estabelecendo o cotidiano de fazer o bê-a-bá das anotações. Ouvir e ler sobre dinheiro, economia, investimento e finanças também ajuda.

E trago mais dicas... INSS, aposentadoria? Conseguiu se aposentar pelo máximo ou está como eu, cheia de dentes? Porque eu contribuí como pessoa jurídica, tive uma empresa durante anos, e depois contribuí como pessoa física, mas tive um hiato em que não consegui pagar. Agora tenho um despachante junto comigo tentando fazer essa conta para ver quanto tempo falta para que, de fato, eu possa me aposentar. Dei entrada há três anos, veio a Reforma da Previdência, entrei naquele bolo de milhões de pessoas que têm os seus problemas e a coisa tá bem morosa. Mas é um passo importante. **Certifique-se dos seus direitos**.

> *Ah! Que bom seria se todos pudessem ter estudado a educação financeira na escola! Infelizmente, não é essa a realidade da grande maioria, que também não aprendeu sobre o tema em casa. Esses, quando chegam na maturidade, já cometeram tantos equívocos em suas finanças que acreditam que não há mais jeito: pensam que estão fadados ao fracasso financeiro. Mas não é essa a realidade, e nós planejadores financeiros podemos ajudar (e muito) esses jovens maduros que querem dar um fim ao descontrole das finanças. Foi assim com a Kika. Não pense que foi tudo um mar de rosas. Nada disso! No início, ela levou tudo de uma forma muito arredia. Mas, com o passar do tempo, e vendo as coisas se acertarem, foi cedendo aos encantos da educação financeira. Hoje, ela não vive mais sem a sua planilha de controle de receitas e despesas. Palavras dela.*
>
> Leticia Camargo
> *(planejadora financeira CFP®)*

FAZENDO A ANGÉLICA CONTEMPORÂNEA: "VOU DE UBER" (NÃO MAIS DE TÁXI)

Outra sugestão que repito sempre é: **venda seu carro**. Ande de Uber, alugue carro para viajar, use o metrô, faça caminhadas, ande de bicicleta se as pernas permitirem. Na maioria dos grandes centros, ninguém mais precisa de carro. Os gastos relacionados não se justificam, caso você não use com frequência.

TESOUROS DO LAR

Uma dica de milhões que aprendi na pindaíba é **encontrar dinheiro em casa**. Separe as melhores peças, alguma herança que a família deixou, uma coisa que o ex-marido deu, seja um tapete, um móvel, uma joia, e leve-as a um avaliador de leilão. Não é para vender no leilão, é só para saber quanto custa. Então você pode ter um bem em casa que vale muito sem que você saiba. Além disso, pode vender roupas usadas em brechós. Tem o Enjoei, o Repassa.br, o Peguei Bode. Existem vários que facilitam essas transações. É muito importante explorar essa possibilidade de desenterrar uma grana com coisas que você tem em casa e que muitas vezes estão fora de uso ou sem utilidade.

Quer mais ideias? O que acham de alugar um quarto em casa? Sei que algumas pessoas podem ter medo, mas é possível fazer uma seleção e restringir o perfil de quem seria o potencial inquilino ou hóspede. Há quartos em determinadas localidades que podem valer mais de R$ 500 por dia e que ficam vazios e vagos. Ou se é o caso de ter um apartamento enorme e não saber exatamente o que fazer, venda o apartamento e more de aluguel. O dinheiro pode ser investido ou usado para a compra de um lugar menor, com a sobra compondo a reserva financeira de emergência.

(IMAGINE AQUI O SOM DE UMA CAIXA REGISTRADORA)

Na "Jornada da Heroína Madura", a educação financeira é central e norteadora. **Zerem suas dívidas**. Precifique cada passo, venda, leiloe o que não está em uso e tem algum valor. Descubra formas de se voltar a produzir dinheiro, seja voltando ao mercado de trabalho, se tornando produtora de conteúdo, oferecendo algum serviço. Invista, pechinche, corte os desnecessários. Tenha controle de suas receitas e despesas e priorize ter uma reserva de emergência. Saiba economizar e gastar com lucidez. Aprenda a investir. Com isso, você poderá ter uma maturidade sem grandes sufocos, a pilha de boletos não vai ascender e você ficará rica de si. Por último e não menos importante, reavalie seus sonhos e organize a sua vida e finanças para que eles caibam no seu bolso.

3

FIQUE BEM, FIQUE ZEN!

Vamos falar da importância da espiritualidade na maturidade. Preciso confessar que nunca fui uma pessoa espiritualizada ou do tipo que alguém classificaria como zen. Acho que por sempre ter sido muito focada no trabalho, no popular "correr atrás", acreditava que olhar as estrelas, abraçar árvores, aplaudir os pores do sol ou meditar era perda de tempo de gente descompromissada. Acontece que **mordi a língua e me rendi a esse poder**.

Não sou guru e o que escrevo aqui é baseado em minhas experiências e no meu ponto nevrálgico particular da espiritualidade. Apesar de me definir como uma pessoa pé no chão, o lado espiritual me trouxe um alicerce e me injetou firmeza para seguir em frente. Ele me resgatou das entranhas do vórtice do automatismo acelerado de quem vive as coisas numa produção mecanizada em série, uma atrás da outra.

Pois já diziam os ditados: "o apressado come cru" e "a pressa é inimiga da perfeição". Malcozido e malfeito costumam esconder faltas. Com esses vazios suprimidos, fui lidar no alto dos meus 58 anos em meio ao cenário do caos pandêmico.

Não tive uma experiência transcendental aos 20, não experimentei um momento "Eureka" aos 40... Eu tive uma epifania nos meus quase 60 anos mesmo, e foi um marco importante para mim. Costumo fazer um trocadilho e digo **"Menos; pausa"**. E não é sobre sair de um estágio de completa aceleração para uma total inércia contemplativa, não é nada disso.

A PERGUNTA QUE NÃO QUER CALAR...

Começo com uma pergunta fundamental e quero que pense na resposta rapidamente: você é feliz? Se houver dúvida ou se a resposta é negativa, é necessário trazer novos questionamentos: o que incomoda? O que falta? O ponto que quero trazer é que, **apesar de compreender que o estado da felicidade se configura como momentâneo, precisamos nutrir uma configuração permanente de bem-estar**.

Sem romantizações ou qualquer fomento por uma positividade tóxica irreal, sem achar que a vida é um conto de fadas, devemos buscar um conceito maduro de felicidade em que a vida não seja um mar turvo de sacrifícios com esporádicos episódios de calmaria e que nos afaste de uma melancólica nostalgia de achar que sempre houve um momento passado mais feliz, melhor ou para o qual gostaríamos de voltar. Para isso, precisamos de um conjunto de certezas, e é aqui que a estrada emocional da nossa jornada se inicia.

MERGULHAR EM SI

A busca do equilíbrio emocional é um mergulho em si e eu convido você a um exercício mental simples. Na próxima vez que for tomar banho, fique sozinha no banheiro, completamente nua. Desvie o foco do peito caído, das cicatrizes, de qualquer insatisfação que tenha pela sua imagem. Esqueça essas questões. Olhe para o seu corpo e enxergue-o como o seu instrumento da felicidade, seu equipamento de vida, o veículo que subsidia a sua existência.

Essa apreciação de autoamor não se relaciona a pieguismos ou viagens do tipo alucinógenas de cunho qualquer. É sobre conversar consigo mesma, sobre ser capaz de investigar as marcas do tempo, de mirar os seus cabelos, olhos, barriga, ombros, pernas para um acarinhamento nos vieses do amor e livre de julgamentos fúteis.

É muito importante ter esse carinho pelo conjunto da obra. Veja-se como arte. Um papiro com mil dizeres, uma joia de preciosidade. **Olhe para si mesma com amor e carinho**. Pense nas coisas incríveis que o seu corpo te permite fazer e sentir. Se for preciso ou se der vontade, chore. Um choro de pertencimento, de voltar para si e de reconhecer que nosso corpo é nossa morada e que temos que cuidar bem dele. Faça disso um movimento cotidiano: é bom submergir dentro de si.

INSPIRA, EXPIRA...

Já tentou tornar a meditação parte da sua rotina? "Ai, Kika, pirou? Isso não é para mim". Bem, eu também não conseguia ou não achava que era possível. Porém, desde o dia 19 de março de 2020, dia de São José (que também foi o dia em que deixei de pintar o cabelo; plano concluído com sucesso graças ao contexto pandêmico, à necessidade de isolamento e à possibilidade de transicionar para uma *total gray* do conforto e anonimato do meu lar), decidi conhecer um aplicativo que uma amiga minha me recomendou. As meditações eram do Deepak Chopra, um médico indiano radicado nos Estados Unidos e queridinho mundialmente pelas celebridades graças aos seus estudos na área da saúde holística que divulga por meio da meditação e dos ensinamentos baseados nas crenças milenares hindus. Há meditações guiadas e conteúdo relacionado disponível no YouTube e no Spotify, é só fazer uma busca.

Ele faz uma leitura guiada do que você vai viver e nos primeiros cinco minutos explica o que deve fazer com direcionamentos simples como fechar os olhos, pensar em X, respirar da seguinte forma, etc.

EU MEDITO TODOS OS DIAS

20 MINUTOS PELA MANHÃ

Sem horário fixo, depende da hora que acordo. E é viável fazer em qualquer lugar que estivermos. Apenas estabeleço como um compromisso incancelável e faço rigorosamente todos os dias.

O que tenho aprendido? O primeiro mandamento da meditação é manter o foco na respiração. E caso sejamos interrompidos por distrações externas ou mentais, não há razão para desespero ou desistência. Retornamos gentilmente para o inspira-expira.

O segundo pilar da meditação é ter intenção. Ou seja, mentalizar o que queremos para aquele dia. Determine mentalmente a realização que quer materializar: "Quero arrumar minha casa de uma forma linda; quero visitar um parente em Minas, em SP, em NY; quero ser mais paciente…" Novamente, não pense na descoberta da pólvora ou em algo miraculoso. O segredo está em **depositar intencionalidade na simplicidade das coisas cotidianas**.

A terceira estratégia pela qual a meditação perpassa é se conectar com o outro por meio da empatia. E não é sobre fazer caridade, filantropia ou doações. É literalmente pensar como você pode ajudar alguém ou tornar o dia (ou quem sabe a vida) de alguém melhor. Sabe aquela amiga que está passando por um problema e você só mandou uma mensagem para ela? Telefona. Sabe aquele parente que você nunca mais visitou? Vá lá. Use o momento meditativo para conectar o pensamento a algo que pode ser feito por alguém naquele dia: busque ações que tenham sinergia e que envolvam um mínimo esforço e dedicação.

Meditar, então, pressupõe foco, intenção e empatia. Focar na respiração para te dar serenidade. Intenção para verbalizar o que queremos pedir para nosso dia. Empatia para abrir os nossos olhos para o outro e nos disponibilizar para ajudar alguém.

Cada um de nós tem um potencial a atingir em vida, e se estamos vivos quer dizer que o objetivo ainda não foi alcançado. Pessoas mais maduras aprenderam com o melhor de todos os mestres: a experiência. Com tudo que viveram, quando conseguem estar abertas para aprender e rever os conceitos, sem preconceitos, recebem da Cabala uma visão de vida mais ampla em que tudo passa a fazer sentido. A Cabala ajuda a obter uma visão da figura total. Em vez de ficar preso no detalhe, vemos a beleza e perfeição da tapeçaria completa. Com essa visão obtemos força e motivação para seguir em frente com alegria e confiança em busca do potencial.

Kika foi uma aluna arredia no começo, mas suavizou com a compreensão da aplicabilidade da Cabala em sua vida. Virou uma entusiasta da prática.

Shmuel Lemle *(professor de Cabala)*

FAXINA NA ALMA, NA CASA, NO CARRO, NO CORPO...

Quando falamos sobre bem-estar geral, cuidar da alma é importante. Mas, do espaço físico também. Como é o ambiente que mora? Está sempre limpo e cheiroso? Tem o costume de abrir as cortinas e janelas e deixar a luz do sol entrar? Você varre a casa? Passa álcool? Tira a poeira? Troca a roupa de cama com frequência? Você presta atenção ao ambiente que vive? **Você compra flores para a sua casa?** E não só quando prepara a casa para receber uma visita. Você organiza a casa deixando o ambiente agradável, enfeitado e perfumado para si?

A louça é lavada imediatamente após uso ou a pia fica acumulando pratos? E o menu? Sabe o que vai ter para o jantar de amanhã? Se tiver empregada ou cozinheira, você deixa as orientações? Ter domínio da organização da nossa casa é fundamental.

Essas práticas devem se estender a nossos outros bens. Se você tem carro, ele está limpo? O piso, o vidro, a parte interna? Não a parte de fora que acabamos caprichando porque é o que os olhos de fora podem ver. É o interior, onde você vai estar. Tem bicicleta? Mantém ela limpa, enche os pneus? E o seu celular ou *laptop*? Você limpa a tela? Organiza os seus arquivos e pastas?

E por fim, e talvez mais importante, **você cuida de si?** Em termos de higiene, falo dos detalhes: limpar as orelhas, manter as unhas feitas, lavar o cabelo com frequência adequada. E em termos de saúde, você está com seus exames em dia? Quando visitou o dentista pela última vez? Checou o grau dos óculos?

Faça um *check-up* e uma faxina geral na sua casa, nas suas coisas e em seus corpos. São coisas que só dependem de nós mesmos e que não devemos deixar para depois ou esperar que alguém faça em nosso lugar. Pode parecer que isso não tem a ver com ficar bem e zen, mas isso tudo faz parte do autocuidado.

VOCÊ É AQUILO QUE VOCÊ COME...

Não sou nutricionista ou médica e não trago receitas, dietas ou dicas de emagrecimento. Mas aprendi que é primordial cuidar da nossa alimentação e criar uma rotina.

Beba água, faça escolhas saudáveis, não pule refeições, coma quantidades moderadas ou apropriadas em intervalos regulares. Fuja de mirabolâncias ou rotinas alimentares muito restritivas. Invista em comida de verdade: o tal do abrir mais a geladeira e menos a dispensa ou **descascar mais e desembrulhar menos**. Sobre a bebida alcoólica, reserve para momentos especiais, use a moderação e sempre beba água junto.

Claro, o ideal é ser orientado por um profissional de nutrição que direcione para suas necessidades específicas, mas caso não for possível, ficar bem e zen tem a ver com fazer boas escolhas, com cuidar de si, com evitar excessos, com ter um comportamento equilibrado e moderado, inclusive com o que você consome.

MALHAÇÃO (NÃO É A NOVELA ADOLESCENTE)

Já falei no começo da nossa jornada que suar é o choro do corpo. Insira a prática de atividades físicas na rotina. Não tem dinheiro para custear um programa, academia ou profissional para acompanhamento? Passeie com o cachorro, suba e desça a escada do prédio, ande pelo bairro. Se os recursos permitirem, faça alguma atividade que goste pelo menos três vezes na semana. **Bote o seu corpo para funcionar**. E se já tiver aptidão ou afinidade com a prática de esportes, se jogue. Movimentar-se ajuda a renovar as energias, auxilia na prevenção de doenças, ajuda a desanuviar a mente, traz benefícios estéticos, evitando as pelancas e a embarangada também.

Façam dentro das suas possibilidades físicas, de tempo e disponibilidade e de acordo com suas preferências (nade, corra; faça musculação, pilates, dança). Faça pela saúde, pelo condicionamento e pelo efeito colateral estético de manter o tônus em dia ou vice-versa. Mas faça. **Serotonine-se**.

DEFEITOS DE FÁBRICA OU DE TEMPO DE USO...

Vamos fazer uma dinâmica juntas? **Pegue papel e caneta (ou o dispositivo e aplicativo que preferir para tal)** e desenhe dois círculos. Do lado esquerdo, liste cinco defeitos que você reconhece em si (ilustrando com exemplos: sou fofoqueira, invejosa, procrastinadora, lenta, não consigo entregar as coisas no prazo certo, tímida, tenho uma autoestima baixíssima, tendo a ser verborrágica, agressiva, me acho dona da verdade, posso ser cagadora de regras, autoritária).

Lista feita, vá ao segundo círculo e repita os mesmos defeitos, mas olhe para eles por meio das **lentes do amor, que anulam o tom de julgamento**. Esse acolhimento ajuda a entender que seus defeitos provêm de dificuldades. Por exemplo: sou procrastinadora. Por quê? Talvez eu tenha dificuldade de elencar prioridades e acabo me atolando em um acúmulo de tarefas. Identificar as questões e por que elas nos assolam nos ajudam a quebrar os padrões que tendemos a perpetuar.

Além disso, no momento que fazemos o exercício, vemos que quando listamos os defeitos a primeira vez os vemos com raiva – é quase enfiar a faca na ferida e girá-la. Sob as lentes do amor, com uma perspectiva de acolhimento, de aceitação, eles perdem força ou se ressignificam com pontos que precisamos melhorar, resolver ou questões com as quais precisamos lidar pessoal e internamente (ou talvez que demandem a busca por ajuda e terapia).

LUTO (VISUALIZE A MIM OU A SI DESLUMBRANTE EM UM VESTIDO PRETO)

Apesar de não estar direta e obviamente relacionado ao ficar bem e zen que tratamos neste capítulo, aprender a lidar com o luto e com a finitude da vida, que se aproxima naturalmente com o envelhecimento, tem um papel determinante nos pormenores do bem-estar.

Lidar com a morte ou com a sua iminência requer um esforço emocional hercúleo. Quando recebi o diagnóstico de câncer, transformei a doença e a fragilidade adicional que ela imputava em minha vida para reescrever a minha história e me reinventar por inteira. Mudei de marido, de trabalho, a forma de me relacionar com as pessoas, minhas maneiras de gozar e os meus caminhos.

Isso tudo apenas pela urgência de viver que a enfermidade me injetava. Em termos mais concretos, **será que estamos preparados para nossa própria morte?** Está tudo organizado para quem fica (seus filhos, pais, parceiros ou parentes)?

Um primeiro movimento neste sentido pode ser o de ter um advogado para cuidar da parte burocrática, deixando dados importantes disponíveis e listados (contas, dívidas, bens, seguros, documentos, etc.).

Já pensou em fazer um Testamento Vital? O documento é um instrumento público feito em cartório que deixa diretrizes importantes, caso você esteja por alguma eventualidade inapta a responder por si mesma. No Testamento Vital você pode determinar a quais procedimentos médicos desejaria ou não ser submetida no caso de ser acometida de doença grave ou caso tenha alterações do nível de consciência. Um documento como esse pode garantir que suas vontades, crenças e dignidade sejam preservadas na sua fase final de vida e retira esse peso de decisão das pessoas que estarão cuidando de você.

Você tem um seguro funeral? Você conhece agências funerárias, serviços cerimoniais de despedida da vida? Já pensou como gostaria que isso fosse feito quando chegar a sua hora, para que seja um ritual respeitoso aos seus princípios em vida?

Pode parecer um pensamento fúnebre ou pessimista, mas a verdade é que quando deixamos nossa própria morte preparada, deixamos um caminho determinado para os filhos, parceiros ou familiares seguirem e isso nada mais é que **um ato de amor e cuidado**.

Sei que as pessoas se esquivam de falar sobre a morte, mas a verdade é que todo mundo vai morrer um dia: seja pobre, rico, indígena, milionário, babalaô, judeu… Uma hora chega a hora.

FIQUE BEM, FIQUE ZEN

O **"fique bem, fique zen"** está voltado para a auto-observação; para o acolhimento; para o olhar ao redor, a si mesmo e ao outro; os cuidados com a atmosfera, com o corpo, com a casa, com o que você come e bebe; como a aceitação das coisas naturais da vida… **Depois dos 50, o EU feminino se faz sujeito**. Liberte-se de uma nanovida e expanda seus horizontes, abrindo seus olhos para si.

4

EMPODERAMENTO E SEXUALIDADE
NA PISTA

Vamos apimentar o nosso papo. Abro alas fazendo algumas perguntas para atiçar as estruturas. **Você se come?** Como está a relação com o prazer? A quantas anda sua relação com a sua fêmea, com a sua sensualidade? Este capítulo serve para lembrar do lema pelo qual eu vivo, que é buscar enxergar vantagens na passagem do tempo. E é claro que não estou ludibriada por um mundo perfeito de unicórnios e arco-íris e tampouco me tornei negacionista dos efeitos fisiológicos do passar do tempo.

Com o aumento da idade e a proporcional decadência hormonal, mesmo com a fada madrinha da reposição hormonal, as milagrosas pílulas azuis, o silicone no pau e até procedimentos estéticos íntimos que prometem uma apertada no canal vaginal com aplicações de colágeno, ouço muito descontentamento com o sexo maduro: do pau meia-bomba e secura vaginal à queda vertiginosa da libido.

Sexo, desejo, lascívia e sensualidade não têm nada a ver com juventude. Ter peito durinho, bundinha empinada não são pré-requisitos para o prazer. Não é puramente fisiológico. Basta ter um espírito sacana. Para nós, mulheres, a coisa é ainda mais complicada. Por conta de uma configuração social e historicamente machista, a mulherada mais velha, especialmente das cinquentagenárias em diante, naturalizou o conceito de ter a obrigação de dar prazer ao homem e minimizar e subjugar o seu próprio desejo e satisfação na cama.

Muitas de nós fomos adestradas para "não dar na primeira vez". Quantas vezes suprimiu o seu tesão porque aprendeu desde cedo que se o nutrisse a seu bel-prazer iria "ser mal falada ou taxada de vagabunda ou piranha"? Quantas vezes você se submeteu a coisas na cama sob a crença que precisava agradar o parceiro? Quantas vezes você abriu as pernas apenas cumprindo um protocolo de namorada, de esposa, de companheira? Quantas vezes você transou com um cara por medo ou por pena?

Infelizmente, **na maioria das vezes, a mulher está em posição de perdedora no sexo, porque os tabus, os eixos de conduta ditados social e culturalmente nos castram e nos impedem de funcionar bem**.

Com o passar dos anos dos casamentos, a saga natural do fogo da paixão tende a perder o seu vigor e por vezes se transforma numa amizade, em um carinho, que também pode ser superbacana. Eu não acredito que a cena erótica tenha de ser uma música da Anitta encarnando uma personagem caliente, sedutora, sexy, latina para sempre. A mulher deve honrar uma vontade de se despedir da cena erótica, se assim quiser. Assim como deve gozar ao máximo do privilégio de suas liberdades em tempos de mulheres de Cabul.

ADOLESCÊNCIAS TARDIAS...

Muitas mulheres com quem eu converso tiveram um, dois, cinco homens na vida. Algumas têm 50, 60, 70, 80 anos e só transaram com dois homens. Se você está bem casada e feliz com seu parceiro ou parceira, que bom! Que siga assim. Mas para aquelas que estão desimpedidas, que enviuvaram precocemente, que se libertaram de casamentos abusivos: **às vezes é a hora de viver uma adolescência tardia**.

Entre no Tinder, manda ver, transe com o porteiro, com o "pau amigo", com mulher, com quem quiser. Não precisa se tornar "dadeira", mas pode se tornar bem resolvida e se libertar de ser uma pudica monotemática apenas por imposição social do que se esperava de uma boa moça nos nossos tempos de juventude. Na cama, quantidade não é qualidade. Mas criar repertório é importante. Você já transou com mulher? Com um homem bem-dotado, daqueles que fazem tremer até as mais gulosas? E com pau pequeno? *Swing*? Já transou com um primo? Já deu no elevador? Já fez no mar? Na chuva? Na fazenda? Numa casinha de sapê? Nunca é tarde para existir na cama.

SE TOCA!

Uma grande companheira da mulher 50+ deve ser a masturbação. Se você não têm esse tipo de hábito, **está na hora de se tocar**. Literalmente. Isso é um termômetro do prazer, um *test-drive* autônomo para entender quais são as zonas mais interessantes de prazer. Claro que ter um parceiro para essa troca pode tornar as coisas ainda melhores. Se conhecer é essencial.

Pode ser que você ainda se acanhe e não tenha o hábito. Siririca pode ter sido um tabu ou tema ignorado na sua criação familiar, ou preconizado como um ato sujo, libidinoso na sua formação religiosa. Ou pode ser que a sua castração venha de um histórico de abuso na infância ou em relacionamentos na vida adulta: traumas que podem demonizar o prazer e garantir passe livre para um grupo de mulheres alienadas e desconectadas da natureza de seus próprios corpos.

E, acreditem, ainda há muita caretice impregnada ao nosso redor. Coisificam o corpo feminino, mas ainda vilanizam o prazer e a liberdade das mulheres em detrimento da liberdade masculina. A verdade é que estamos nos 50, beirando os 60, avistando no horizonte os 70, 80 anos. **Vamos ficar ainda mais pudicas? Não deveria ser o contrário?** Com o acúmulo das nossas vivências, o caminho deveria estar mais limpo e mais livre.

UM "VIBRAMOR" PARA CHAMAR DE SEU...

Para potencializar a sua capacidade de (re)descobrir seu corpo e se dar prazer, compre um vibrador para chamar de seu. Realize o sonho da piroca própria. Faça uma visita a um sex shop sozinha ou com as amigas, confira as opções em uma loja virtual, assista a tutoriais e avaliações de blogueiras ou vídeos de sexólogas que tratam o assunto com muita seriedade. Não é putaria. **Estamos falando sobre saúde sexual, sobre saúde mental, sobre autoamor e prazer**.

Ter um "vibramor" não aliena ou dispensa um companheiro. E destitua-se de pensamentos medíocres e ultrapassados do tipo: "Meu parceiro não pode ver", ou "Ele vai se sentir inferior achando que não está dando conta". Não tem nada a ver com o outro, é uma coisa direcionada a si.

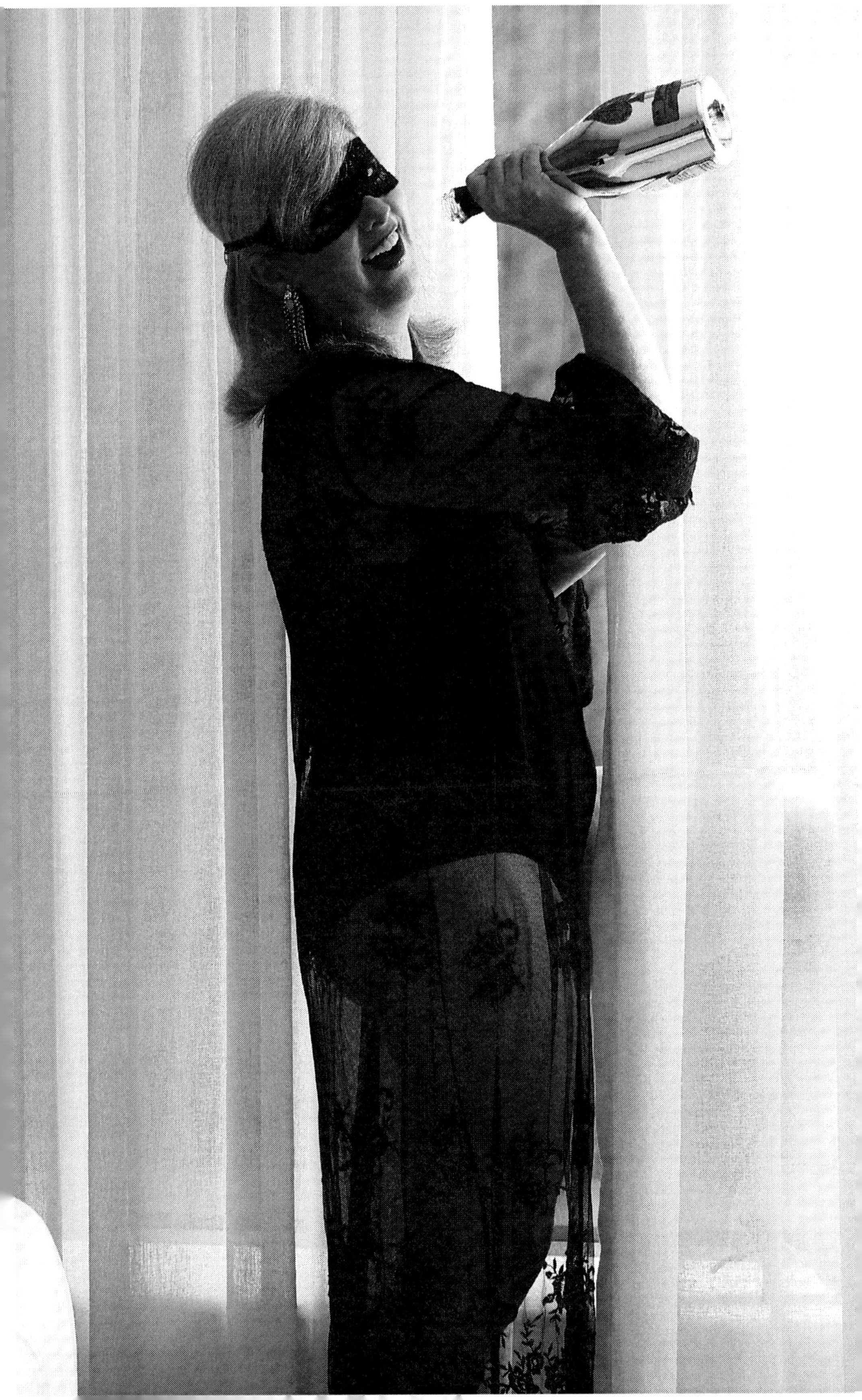

EROTIZE-SE...

Um exercício que sugiro é a exploração do toque. Em um momento particular, **sozinha, nua, percorra com os dedos as partes do seu corpo que talvez ignore ou despreze**. Faça com uma atitude e uma intenção erótica. Dentre as coxas; o seu calcanhar; perto do cotovelo; atrás da orelha... Se possível, acaricie seus braços, sua barriga... Faça carinhos na extensão alcançável do corpo, dos pés à cabeça... Note em que pontos há mais sensibilidade.

Para estimular outros pontos, use uma pena ou um pedaço de seda. Pode brincar com o ouvido, percorrer a estrada do corpo novamente, dando essa nova textura ao tocar... Deixe o vibrador ao lado, e se a coisa escalonar, solte a franga. Comece a tatear pelos caminhos do mapa do tesouro do seu corpo até que saiba as coordenadas de cor e salteado.

QUEBRANDO TABUS...

Falar sobre sexo é importante. Você conversa sobre sexo com seu parceiro ou parceira? Pergunta sobre o que ele ou ela gosta? Você deixa eles ou elas saberem do que gosta? Se não tiver esses papos, passe a ter. Verbalize seus desejos, destitua o assunto de seu posto de tabu e **desmitifique o prazer**.

PRAZER, SUA VAGINA

Você já olhou a sua vagina por meio de um espelho? Você a nota, a percebe da mesma forma que é atenta aos seus cabelos, peles e unhas? **A gente vive numa cultura falocêntrica** e o pau é enaltecido – além de fisiologicamente exposto e mais manuseado –, o que lhe confere mais intimidade com seus donos. Nós não temos isso. O espelhinho é a primeira coisa para fazer. Vamos xerecar...

TERAPIA SALVA...

Busque terapia. Ainda tem gente que tem vergonha de dizer que faz ou outros que nem sabem que existe. **Você conhece fisioterapia pélvica?** Se você tem vaginismo, desconfortos ou ojeriza com toques e penetração, é necessário buscar ajuda para destravar este bloqueio, ou simplesmente para conhecer um pouco melhor o funcionamento do seu corpo.

O PREVENTIVO ESTÁ EM DIA?

O acompanhamento ginecológico está em dia? Você conversa com o/a ginecologista sobre sexo? Você relata se está mais travada, mais seca, que tem falta de libido? A menopausa está derrubando a sua energia, seu ânimo, seu sono e seu sexo? Você tem incontinência urinária? Relaxamento ou esgarçamento dos esfíncteres? Vem notando escape de xixi? Os/As seus médicos sabem destes acontecimentos **ou você omite por pura vergonha, ou por não querer lidar com isso?**

O ginecologista é frequentemente o porto seguro para a saúde da mulher: início da vida sexual, anticoncepção, prevenção de doenças e de câncer, gravidez e maternidade. Mais adiante, na continuação desta jornada, vamos para a menopausa e a maturidade. Uma vida bem vivida é motivo de orgulho. Saúde e qualidade são partes integrantes desta continuação. Em algum momento, a menstruação deixa de vir e a sensação é estranha: ondas de calor, sudorese noturna, vermelhidão fugaz no rosto, insônia, ressecamento de pele e vagina. O que fazer e que valor devemos dar a tudo isto? Conversar com o ginecologista, expor dúvidas e inseguranças, ser acolhida e ter a compreensão do que está acontecendo para ser tratada no que for necessário. Alguns exames se impõem antes de iniciar o tratamento: imagens da mama e do útero, exames de sangue, incluindo colesterol, glicemia, tireoide, vitaminas B e D. Com estes resultados, teremos sinal verde e o melhor direcionamento para tratar repondo o que está faltando, fazendo o possível para melhorar o desconforto e trazer bem-estar. Nem todas as pacientes podem se beneficiar da reposição hormonal, e para estas existem alternativas como melatonina e laser vaginal. Para todas, a recomendação para uma vida saudável é praticar atividade física, não fumar e diminuir a ingestão alcoólica.

Com o aumento da expectativa média de vida feminina para 85 anos ou mais, é razoável pensar que muitas mulheres viverão mais de 40 anos na menopausa. Diferente do passado, trabalhando e namorando... ou seja, não é uma questão que possa ser negligenciada.

Dr. Márcio Coslovsky (ginecologista)

USEM E ABUSEM...

Como é a sua relação com o pau? Você tem nojo, medo, prazer infinito? Cai de boca? Gosta de olhar a anatomia do pênis? Pega? Ri? Brinca? Conversa? Para você, é ou não é exclusivamente um aparelho genital para o sexo?

A partir dessas perguntas, te convido a desconstruir o falocentrismo, porque o pênis para mulher madura ainda tem essa correlação de poder. Ele mais, ela menos; ele o guerreiro, ela recebe; ele representa a lança, ela a casinha. **Vamos destronar o poder da piroca**. Converse com o seu companheiro sobre isso, rindo, descobrindo e erotizando também.

TODA FORMA DE AMOR...

Então, você já teve experiência (inédita ou não) homossexual na maturidade? Já fez um *ménage*? Dois homens ou um casal a mais? É uma coisa recorrente? Já pensou nessa possibilidade? Isso também pode ser, na maturidade, uma experiência interessante, porque na juventude não cabia, mas por que não agora? Se não for agora, não vai ser nunca, né? Então, **se você tem vontade, se jogue**.

Curte voyeurismo? Ver outras pessoas fazendo sexo ao vivo?

Você transaria, às claras, com um amigo do seu marido? E curtiria chegar em casa e ter dois companheiros? Ou transar com um homem e com uma mulher sem ser uma suruba? E viver juntos – na mesma casa –, frequentando almoços de domingo, indo à missa e à feira juntos numa relação poliamorosa?

O mundo pós-moderno transformou as relações e essas liberdades chegaram até à maturidade com novas organizações possíveis para a cama. Não se trata de pornografia ou de um atletismo sexual. Desde que todos os envolvidos estejam de acordo, que seja consensual, **que sejam desejos compartilhados e combinados entre as partes, há novas configurações de estado civil com novas formas de sentir, de amar, de trepar, de gozar**.

O PODER DO PAU MOLE

Quero também que você olhe um pouco para o seu companheiro. Do alto dos 50 e tantos anos, remonto na memória as histórias que escutei de trepadas de sucesso que sempre supervalorizavam o pau duro, a penetração, o tamanho da piroca. Mas a verdade é que as trepadas homéricas, com boys nada magia, todos tinham pontos em comum: batiam um bolão nas preliminares com direito à sacanagem ao pé do ouvido; dedos e línguas; beijos que percorriam todo o corpo explorando sabores e estimulando cada dobrinha e cada buraco. Massagens, música e criatividade.

Trazendo essa realidade para os homens maduros, mais velhos, muitos com dificuldade de ereção, brochadas ou uma meia-bombice permanente, o lance é se divertir. Masturbação, e os brinquedinhos podem ajudar. **Nem só de Viagra vive o casal maduro**.

GOZE

Na maturidade, entrar em uma busca desenfreada por um pau superduro ou se contentar com um "papai e mamãe" água com açúcar é, no mínimo, falta de repertório da nossa parte.

Nas caraminholanças sobre a maturidade, convido a verem beleza, das sessentonas às centenárias, a normalizarem com acolhimento e aceitação os peitos caídos, as pelancas, o pau meia-bomba, a secura da pepeca e as brochadas do caminho. Se sentir viva e plena na menopausa é um desafio, mas não é impossível.

Felizmente, você pode contar com ajuda e avanços da medicina e da farmacoterapia, com terapias, com o exercício do autocuidado e do autoamor, com as novas formas de se relacionar com a pixirica... Enfim, com algumas das dicas que compartilhei por aqui...

O lance é jogar para o alto qualquer amarra que lhe incutiram sobre o sexo. **Ressignifique o prazer, se descubra e curta possibilidades**. Tenha vida sexual até morrer, mas com novos sentires e descobrindo outras formas de prazer.

BORA GOZAR?

5

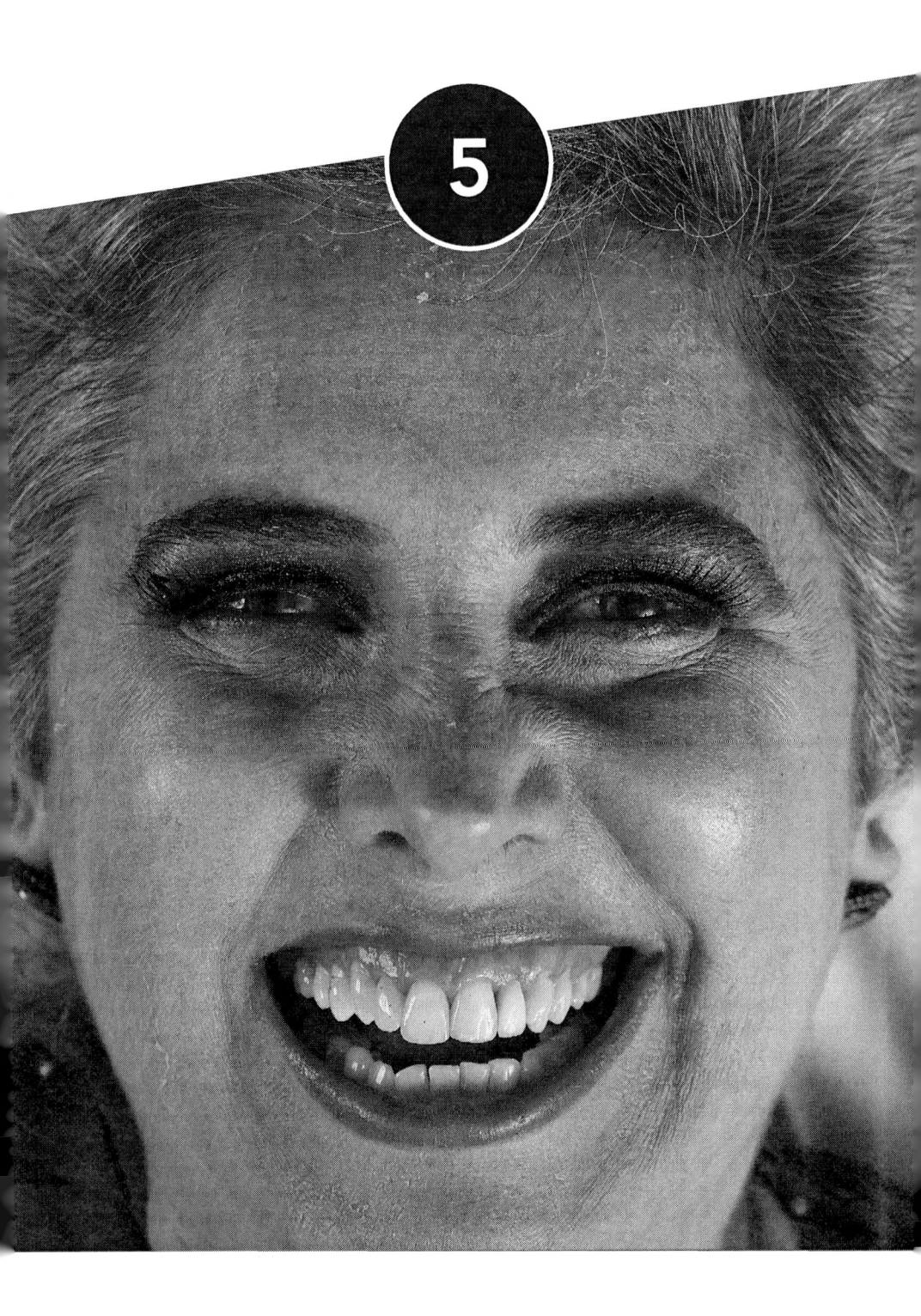

KIKANDO
NA MATURIDADE

Tornei-me uma espécie de conselheira das mulheres maduras contemporâneas encarnada em uma *digital influencer* dos espaços digitais e multissemióticos da contemporaneidade. Estou longe de ser médica, *coach*, pajé, curandeira ou bruxa. Mas tento trazê-las de volta para si. Em 3 dias? Esquece. Sem utopias e fórmulas mágicas mirabolantes. É um processo longo, mas compartilhei aqui o que mais funcionou para mim.

Ser protagonista da própria vida, fincar as unhas no meu existir e assim rascunhar um novo possível para a minha fase madura. Em meio a dúvidas, certezas, melancolias, decadências hormonais, turbulências financeiras, tropeços, acertos, devaneios e sabedorias adquiridas ao longo da nossa jornada, há chance de reescrever a segunda fase da vida. Tentando. **Caindo, mas levantando e seguindo**.

A maturidade está liderando uma verdadeira revolução nos costumes. Não somos mais desdentados de bengala, mijados e deprimidos. Estamos – cada dia mais e cada vez mais longe – segurando a onda de uma contemporaneidade avassaladora. Com o aumento da expectativa geral de vida e um envelhecimento com novos contornos permitidos pelos avanços da medicina, pelos hábitos mais saudáveis, pelo maior acesso à informação e pelas construções e desconstruções de um modo de viver e pensar pós moderno, é impensável tratar as

attitude

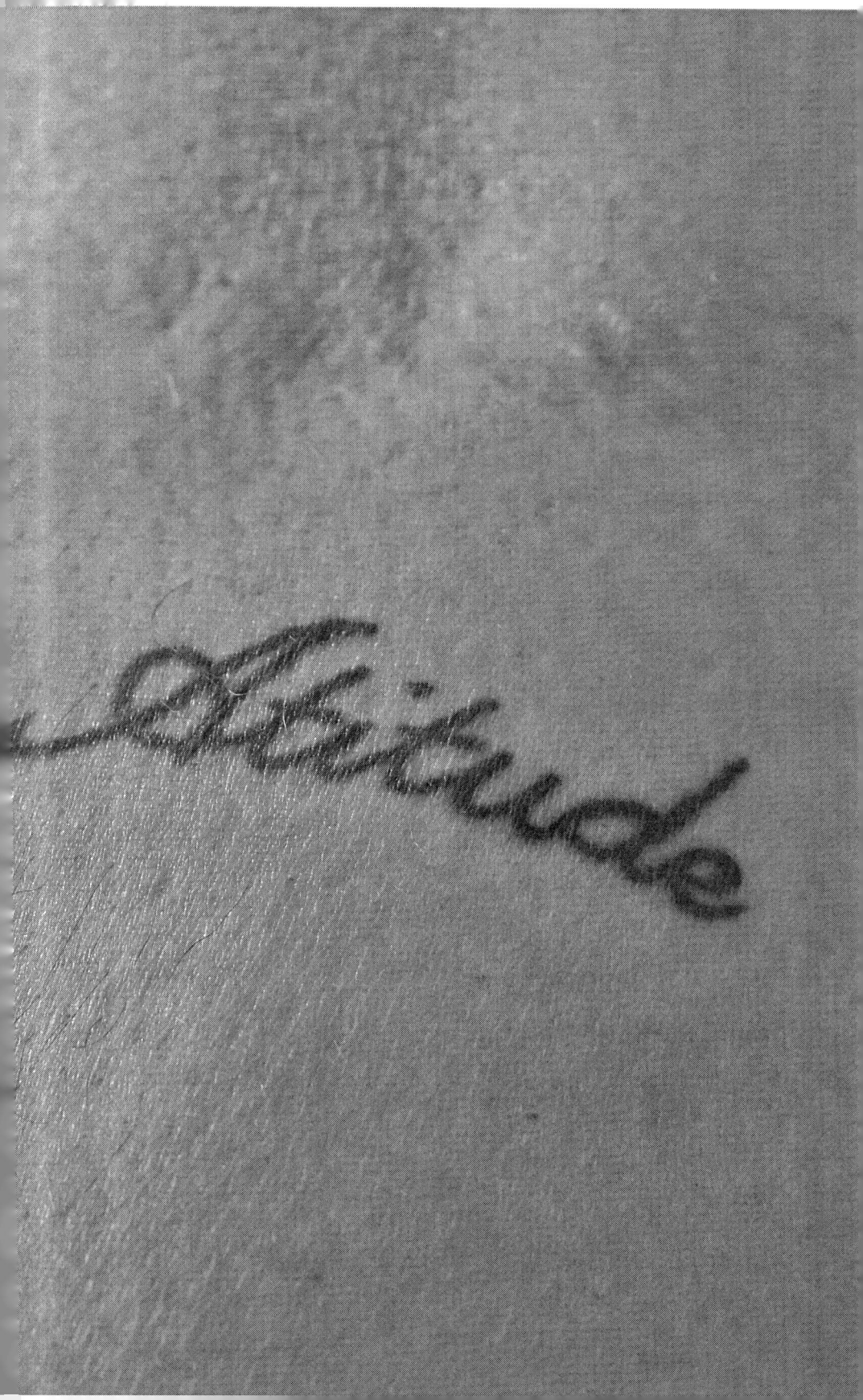

pessoas de 50+, 60+ como se não pudessem fazer parte da cena social, política, cultural. **É descabido ainda acreditar que os mais velhos não têm capacidade para causar, ousar, trabalhar, amar, transar**.

Pé na estrada e olhos abertos. Não estamos mortas. Só diferentes. Um dia a nossa existência se encerra, mas enquanto estivermos por aqui (com 50+, 60+, 70+, 80+...), que possamos viver grande, imenso. Gosto mesmo de magnificência. E que venha a maturidade, a melhor idade, a terceira idade, os 60. Espero nos encontrarmos novamente por lá com novas histórias, estratégias e memórias. Um brinde à vida. Em grandes goles.

APÊNDICE

Gostou do conteúdo do livro e deseja me acompanhar nas aventuras da maturidade? Saiba abaixo onde me encontrar!

Kika Gama Lobo
https://www.instagram.com/kikagamalobo/

Canal Kikando na Maturidade
https://www.youtube.com/c/KikandonaMaturidade

Revista *Claudia* (on-line)
https://claudia.abril.com.br/coluna/atitude-50/
https://www.instagram.com/claudiaonline/

Inconformidades
https://inconformidades.com/
https://www.instagram.com/_inconformidades/

Este livro foi reimpresso em Rio de Janeiro,
pela gráfica PSI7, em abril de 2023.
A família de fonte é Avenir, corpo 11,5/20.

LACRE